JN228539

TRILLION DOLLAR COACH
THE LEADERSHIP PLAYBOOK OF SILICON VALLEY'S
BILL CAMPBELL

1兆ドルコーチ

シリコンバレーのレジェンド
ビル・キャンベルの成功の教え

エリック・シュミット、
ジョナサン・ローゼンバーグ、アラン・イーグル
櫻井祐子 訳

ダイヤモンド社

TRILLION DOLLAR COACH
by
Eric Schmidt, Jonathan Rosenberg and Alan Eagle

Copyright © 2019 by Alphabet, Inc.
All rights reserved.
Japanese translation published by arrangement with
ESJRSCR, LLC c/o Levine Greenberg Rostan Literary Agency
through The English Agency (Japan) Ltd.

ビルへ

序文——シリコンバレー最大の伝説

いまから10年近く前に、シリコンバレーの最大の秘密に関する記事を「フォーチュン」誌で読んだ。

秘密といっても、ハードウェアやソフトウェアのことではない。プロダクトでさえない。人間だ。名前はビル・キャンベル。ハッカーではない。アメリカンフットボールのコーチから転身して、セールスの仕事をするようになった人物だ。

なのに彼は、毎週日曜にスティーブ・ジョブズと散歩に行き、グーグル創業者たちに「彼がいなければ成功できなかった」と言わしめるほどの影響力を持つようになったという。

その名には聞き覚えがあったが、どこで聞いたのかは忘れていた。だが考えるうちに思い出した。私が何度か教えたことのあるケーススタディに出てきたのだ。

それは1980年代にアップルが直面した経営上のジレンマを取り上げたもので、ドナ・ドゥビンスキーという聡明な若いマネジャーが、スティーブ・ジョブズの立てた流通計画に反対したというエピソードだった。

ビル・キャンベルはドナの上司の上司で、いかにも元フットボールコーチらしい、愛のムチの助言を彼女に与えた。そしてドナの提案書を破り捨て、もっと強力な代案を考えろとハッパをかけ、全力で彼女を支援したという。

しかしそれ以来、彼のうわさを聞いたことがなく、彼のその後数十年間のキャリアは謎に包まれていた。

その理由を知る手がかりが、「フォーチュン」の記事にあった。ビルは人を輝かせることを喜び、自身は黒子に徹していたのだ。当時、「人を助けてこそ成功できる」という主旨の本を書いていた私は、ビルのような人を取り上げられたらどんなにすばらしいだろうと思った。だが、世間の注目から身を遠ざけている人を、どうしたら紹介できるだろう?

なぜ誰もがビル・キャンベルの話をするのか?

まず、彼に関するありったけの情報をインターネットで集めた。ビルが身体能力の不足を、ハートで補ったことを知った。彼は178センチ75キロの小柄な体格で、高校のフットボール部の最優秀選手に選ばれた。

陸上部のハードル選手が足りないと聞くと、コーチに協力を買って出た。彼はたいして高く跳べなかったからハードルをなぎ倒しながら駆け抜け、痣《あざ》まみれで地区大会まで勝ち上がった。

コロンビア大学フットボール部では主将に選ばれ、卒業後ヘッドコーチになったが、そこで6年連続負け越しの苦汁をなめた。何がまずかったのか？　彼は選手を大切にしすぎた。全力を尽くしている一般入学の選手をベンチに下げたがらず、スター選手に学業よりスポーツを優先しろとは言わなかった。選手がフィールドだけでなく、人生で成功できるように手を貸すのが自分の務めだと心得ていた。勝利することよりも、彼らが豊かな人生を送ることのほうが、彼にとっては大事だった。

ビルがビジネスの世界に転身しようと決めたとき、扉を開いてくれたのは、昔のフットボール仲間だった。食うか食われるかのスポーツ界では弱みだったビルの人柄が、ビジネス界では強みになるはずだと、彼らは考えた。たちまちビルは頭角を現し、アップルの幹部やインテュイットのCEOとして辣腕《らつわん》を振るうようになった。

私はシリコンバレーで並外れて心が広いと言われる人たちに会うと、いつも同じことを聞かされた——自分がこういう考え方をするようになったのは、ビル・キャンベルの影響だと。

ビル本人をわずらわせたくなかったので、私はまず、彼をメンターと仰ぐ人々に連絡を取りはじめた。ビルを父と呼び、オプラ・ウィンフリーになぞらえる、多くの信奉者に電話をかけた。そして彼らに話を聞くたび、ビルと出会って人生が変わったという人たちのリストはさらに増えていった。そのなかに、本書の著者の一人である、ジョナサン・ローゼンバーグの名前があった。

２０１２年に初めてジョナサンに連絡を取ったとき、彼は私たちのメールのやりとりをビルにＣＣで送っていた。そこでビル本人に断られたため、私の本の彼について書くはずだった章は――また彼がみずから成功しながらも、なぜあれほど人助けができているのかを探ろうとする私の取り組みも――そこで立ち消えになってしまった。

それ以来、自分の利益を優先させる「テイカー（奪う人）」が報われると言われる世界で、彼がどうやって「ギバー（与える人）」として成功できたのか、また彼からリーダーシップとマネジメントについて何を学べるかを知りたいという思いは募《つの》るばかりだった。

「最先端の研究」のはるか先を行く考え方

うれしいことに、本書のおかげでとうとうその答えが手に入った。すぐれたマネジャーでいるためには、すぐれたコーチでいる必要があることを、本書『１兆ドルコーチ』は明らかにしている。人は高みに上れば上るほど、自分が成功するために他人を成功させることがますます必要になる――そしてそれを助けるのが、コーチなのだ。

私はこの10年間、ペンシルベニア大学ウォートンスクールで、必修講座のチームワークとリーダーシップを教えている。これらは厳格な研究をもとにした講座だが、ビル・キャンベルがそうした研究のはるか先を行っていたことには驚かされた。彼は早くも1980年代から、数十年待たないと（検証されることはおろか）構築されもしない理論を実践していた。

また、ビルの人材管理とチームコーチングの原則の多くに、いまだ体系的研究が追いついていないことにも愕然《がくぜん》とさせられる。

ビルは時代を先取りしていた。彼がみずからの経験から導き出した教訓は、人間関係の質がキャリアや企業の命運を握る、現代の共創的な世界においてまさしく重要なものだ。

その一方で、彼の教訓には時間を超越した普遍性もある。ビルのコーチングに対する考え方は、いつの時代にも通用するものだ。

このところ、コーチングは流行になっている。昔はコーチといえばアスリートやエンタテイナーにつくものと決まっていたが、いまはリーダーがエグゼクティブコーチに、社員がスピーキングのコーチに学ぶ時代だ。

だが実際問題として、プロの専業コーチは、フィードバックや指導が必要な機会のほんの一部にしか立ち会うことはできない。部下や同僚、ときには上司をコーチする責任は、すべてわれわれ自身の肩にかかっているのだ。

コーチングは、個人のキャリアにとってもチーム全体にとっても、メンタリング以上に重要かもしれないと、私は考えるようになった。ためになる言葉をかけるのがメンターなら、袖をまくりあげて自分の手を汚すのがコーチだ。

コーチは私たちのポテンシャルをただ信じるだけでなく、さらに一歩踏み込み、私たちがポテンシャルを実現できるように助けてくれる。私たちに自分の盲点が見えるように鏡をかざし、弱みに正面から向き合えるようにしてくれる。私たちがよりよい人間になれるよう手を貸してくれるが、私たちの功績を自分の手柄にはしない。

そうしたコーチのロールモデルとして、ビル・キャンベルほどふさわしい人物は思いつかない。

軽々しく言ったつもりはない。これまで私は仕事でもスポーツでも、選り抜きのコーチにじかに学ぶ機会に恵まれてきた。若いころは飛び板飛び込みの選手としてオリンピックコーチの指導を受けていたし、最近では組織心理学者として、NBAボストン・セルティックスのブラッド・スティーブンスなどの名コーチと仕事をしている。

しかしビル・キャンベルは、そうした世界クラスの精鋭コーチの一人というだけではない。彼は自分には理解もできない仕事をする人たちまで助けられるように、それまでにない、まったく独自のコーチング・スタイルを生み出したのだ。

人の最良の部分を最大限に引き出す

ビルのことを本に取り上げるのを断念した2012年に、私はグーグルの国際イベントに呼ばれ、「組織心理学者の目から見たグーグルの運営方法」というテーマで講演を行った。

それまでの数年間に、グーグルの先駆的な人材分析チームと仕事をしていてはっきりわかったのだが、グーグルが行うすばらしいことのほぼすべては、チーム内で起こっている。そこから私は、組織のカギは個人ではなく、チームこそ基本の要素として捉えるべきだと話した。グーグルの仲間たちは私のさらに上手《うわて》を行き、成功するチームに共通する特性を見つけるための大規模調査、その名も「プロジェクト・アリストテレス」を実施し、発表した。

この研究で明らかになった「5つのカギ」は、ビル・キャンベルの作戦帳《プレイブック》からそのまま採ったと言っても通るほどだ。

グーグルの最高のチームは心理的安全性が高く（マネジャーの後ろ盾のもとで、安心してリスクを取れると感じていた）、明確な目標を持ち、仕事に意義を感じ、お互いを信頼し、チームの使命が社会によい影響を与えると信じていた。

本書を読めば、ビルがこうした条件を整える達人だったことがわかる。彼は自分がコーチするすべてのチームに「心理的安全性」「明瞭さ」「意味」「信頼関係」「影響力」を育むために、労を惜しまなかった。

書店には自助本のコーナーがあるのに、なぜ人助け本のコーナーがないのだろうと、シェリル・サンドバーグと私はいつも嘆いている。本書こそ、人助け本のコーナーにふさわしい一冊だ。人の最もよいところを最大限に引き出し、励ますと同時に意欲をかき立て、「ピープル・ファースト」の考えを口先だけでなく実際に行動に起こすための手引きなのだから。

ビル・キャンベルの物語の何がすばらしいかと言えば、彼について読めば読むほど、自分も日常生活で彼のような人間になれる機会に気づけることだ。

たとえば、どんな人にも尊厳と敬意を持って接するといった小さな心がけから、チームメンバーの生活に心から——彼らの子どもが通う学校を知るほど——関心を持つといった大きな心がけまで、彼の教えを実践するチャンスはいくらでも見つかる。

ビル・キャンベルは、本で取り上げられたり、自分をテーマに本が書かれたりする名誉を、望みも求めもしなかった。だが彼の秘訣を「オープンソース化」するのは、自分の知識や知恵を惜しみなく分け与えることに生涯をかけた人物にふさわしい賛辞ではないだろうか。

ペンシルベニア大学ウォートンスクール教授　アダム・グラント

1兆ドルコーチ　目次

Chapter 1

ビルならどうするか？

――シリコンバレーを築いた「コーチ」の教え

Chapter

2

マネジャーは肩書きがつくる。リーダーは人がつくる

「人がすべて」という原則

Chapter 3

「信頼」の非凡な影響力

「心理的安全性」が潜在能力を引き出す

Chapter

4

チーム・ファースト

——チームを最適化すれば問題は解決する

Chapter

5

パワー・オブ・ラブ

ビジネスに愛を持ち込め

Chapter
6
ものさし
成功を測る尺度は何か？

〔　〕は訳注を表す。※は脚注があることを表す。
番号ルビは参考文献があることを表す。

Chapter

1

ビルならどうするか？

シリコンバレーを築いた「コーチ」の教え

2016年4月のうららかな春の日、カリフォルニア州アサートン中心部にあるセイクリッド・ハート・スクールのフットボール競技場に、75歳でがんに倒れたウィリアム・ヴィンセント・キャンベル・ジュニアを称えようと、大勢の人が集まった。

ビル〔ウィリアムの愛称〕は1983年に西海岸に来て以来、アップルやグーグル、インテュイットをはじめとする多くの企業の成功に重要な役割を果たした、テクノロジー業界のかけがえのない存在だった。彼はとても尊敬されていた、というのは控えめな表現で、愛されていたと言うほうがふさわしい。

列席者にはテック業界のリーダーが名を連ねた。ラリー・ペイジ、セルゲイ・ブリン、マーク・ザッカーバーグ、シェリル・サンドバーグ、ティム・クック、ジェフ・ベゾス、メアリー・ミーカー、ジョン・ドーア、ルース・ポラット、スコット・クック、ブラッド・スミス、ベン・ホロウィッツ、マーク・アンドリーセン……。業界の先駆者や有力者がこれほど集結するのは、少なくともシリコンバレーでは異例なことだ。

私たち著者のうちの二人──ジョナサン・ローゼンバーグとエリック・シュミット──も、しめやかな空気とは裏腹な柔らかい日差しを浴びながら、列席者にまじってすわり、小声で話をしていた。

私たち二人はグーグルにCEO（エリック、2001年）とプロダクト責任者（ジョナサン、2002年）として入社してから15年ものあいだ、ビルと親しく仕事をしてきた。ビルは私たちのコーチになってくれ、1、2週ごとに個別に会って、私たちが会社を成長させるなかでぶつかったさまざまな問題を話し合った。ただの風変わりなスタートアップでしかなかったグーグルが、世界でも有数の価値ある企業とブランドに成長するまでのあいだ、ビルは私たちを個人としてチームメンバーとして、主に陰から支えてくれた。ビルの助けがなければ、私たちは何一つ成し遂げられなかったかもしれない。

私たちは「コーチ」と呼んでいたが、彼は友人でもあり、その点で私たちはほかの列席者と何ら変わらなかった。じっさいあとで知ったのだが、1000人を優に超える列席者の多くが、ビルを無二の親友のように思っていたのだ。

これら親友たちのうち、われらが「コーチ」に賛辞を贈るのは誰だろう。ハイテク界のどんな大物が壇上に上がるのだろう。

シリコンバレーでの無数の偉業

ビル・キャンベルがカリフォルニアに来たのは彼が40代になってからで、ビジネスの世界に入ったのもその数年前だ。なのに彼のシリコンバレーの成功物語には、人生数回分もの偉業がちりばめられている。

彼はペンシルベニア州西部の鉄鋼の町ホームステッドで、負けん気の強い聡明な子どもとして育った。彼の父は地元の高校の体育教師で、夜間は製鉄所でアルバイトをしていた。ビルは優秀な生徒で努力家だった。それに鋭い知性を持っていた。

1955年に高校の新聞に寄稿した記事のなかで、よい成績は「その後の人生で何より大切」だと、ビルは級友たちを諭《さと》している。「学校をサボっていると成功のチャンスを棒に振るかもしれない」。ちなみに彼がこれを書いたのは、1年生のときだ。

ホームステッド高校のアメリカンフットボール部で花形選手として活躍後、1958年に故郷を離れ、ニューヨーク・マンハッタンのコロンビア大学に進学する。

フットボール選手がいまよりずっと人間サイズに近かった当時でさえ、178センチ75キロ（プログラムには82キロとして登録されている）ほどの体格は、フットボールのヒーローには見えなかった。だが渾身《こんしん》のプレーとフィールドでの知性によって、彼はたちまちコーチとチームメイトの敬意を集める。

3年生になった1961年の秋にチームのキャプテンに選ばれ、ディフェンスではラインバッカー、オフェンスではラインマンとして、すべての試合のほぼすべての時間をプレーした。同年、オールアイビーリーグ選手に選出され、コロンビア大学史上ただ一度のアイビーリーグ優勝にチームを導いた。

フットボール部のヘッドコーチ、その名もバフ・ドネリ〔バフは筋骨隆々の意〕は、ビルが優勝に「大きな影響」を与えたと語る。「188センチ102キロあれば、プロ入りしリーグ史上最高のラインマンになっただろう。だが彼は75キロの小柄な男だ。カレッジフットボールにもこんな小さなガードはいない。ふつうは小さいやつとフットボールはできない。ふつうは気構えだけじゃ選手になれない。コーチは気構えと体格を要求する」[1]

ビルの気構えとは、もちろん、チームがすべてという意識だった。「選手が団結し、4年生がリーダーシップを発揮したからこそ」[2]成功できたのだと、彼は語っている。

1961年10月21日、コロンビア・ライオンズがハーバード・クリムゾンを26対14で制した試合で、ブロックをリードするビル[左から2人目]。(3)

1961年11月18日、コロンビアがペンシルベニア大学に37対6で勝利した際、チームメイトに場外に担ぎ出されるビル[背番号67]。この勝利により、コロンビアは史上初のアイビーリーグ優勝を決めた。(4)

チームに「思いやり」を持ちこむ

ビルはお金がなかったから、大学の学費の足しにするためにタクシーを運転していた。おかげでニューヨークの道にめっぽうくわしくなり、長年の専属運転手で友人のスコッティ・クレイマーを相手に、いちばんの近道はどれかをめぐってしょっちゅう言い合いをしていた（ニューヨークの道に関するかぎり、コーチに口答えは禁物だよと、スコッティは言う）。ビルはコロンビア大学から1962年に経済学士号、1964年に教育学修士号を取得したのち、ボストンカレッジのアシスタントコーチになるために北へ移った。ビルはコーチとしても優秀で、すぐに同僚たちに一目置かれるようになる。

1974年には母校コロンビア大学からヘッドコーチになってくれないかと請《こ》われ、快諾した。コロンビア大学のフットボールプログラムはそのころひどい状態だったが、母校への忠誠心からマンハッタンに戻った。

（コロンビアでのコーチの同僚ジム・ラジャーズによると、ビルは「心に導かれるまま」コロンビアに戻る前、全米でも指折りのアシスタントコーチという評判を得ており、ペンシルベニア州立大学のジョー・パターノの下でコーチになる機会をオファーされていた。当時パターノは全米トップクラスのヘッドコーチだったので、ビルはこのニタニー・ライオンズに行っていれば、コーチとして成功し続けたはずだ。その場合、本書はシリコンバレーの伝説ビル・キャンベルではなく、カレッジフットボール界の伝説ビル・キャンベルの本になっていただろう。そしてあなたは彼のことを調べるために、グーグルではなく、ヤフーやビングで検索していたかもしれない！）

コーチングの才能にあふれるビルも、古巣コロンビアでは成功できなかった。午後の渋滞時にはキャンパスから30分以上かかる貧弱な施設や、フットボール部の成功に本気で取り組もうとしない上層部、景気停滞気味の都市にも阻《はば》まれ、任期中のライオンズの戦績は12勝41敗だった。

最も望みがあったシーズンは１９７８年だったが、3勝1敗1分けでスタートしたあと、ジャイアンツ・スタジアムで、（身体的にも数の上でも）はるかに上を行くラトガースに、69対0の大敗を喫した。彼は翌１９７９年半ばに辞める決心をし、シーズン終了をもって辞任した。

コロンビアでは頑張りすぎて過労で入院したこともあった。とくに苦労したのが選手のリクルートだ。１００人に会いに行っても25人しか獲得できないのだと、ビルに聞いたことがある。「ワークアウトプログラムが終わってから午後4時半に出発して、一晩で〔２５０キロ離れた〕アルバニーやスクラントンを往復したものだ」と彼は言った。「翌朝の出勤に間に合うようにな[5]」

だが彼が失敗したのは選手不足のせいではない。親身になりすぎたせいだと、ビルは考えていた。「〔フットボールのコーチには〕感情に動かされないタフさが必要だが、私にはそれがないんだろう。感情を気にしてちゃいけない。誰も彼もの尻を叩き、人の気持ちなど気にしない。学生を交代させ、年上のやつを年下のやつに代える。試合ってのはそういうものだ。適者生存。最高の選手をプレーさせる。私はそれを気に病んだ。選手が納得できるやり方でやろうとした。たぶん、厳しさが足りなかったんだろう(6)」

フットボールコーチとしての成功は「冷徹さ」で決まるというビルの考えには、一理あるのかもしれない。

だがビジネスの世界では「思いやり」が成功のカギだという証拠が次々と得られている(7)。そしてチームに思いやりを持ちこむという考えは、フットボール場のビルより、ビジネス界のビルの成功にずっと役立った。

すばやく動く

ビルのフットボールのキャリアは終わった。39歳のとき、彼は広告会社のジェイ・ウォルター・トンプソンに就職して、ビジネスの世界に入った。

最初はシカゴでクラフトの担当になり、数か月後、ニューヨークに戻ってコダックを担当した。ビルは持ち前のひたむきさで仕事に打ち込んだ。ビルのビジネスの知見に舌を巻いたコダックは、すぐに彼を引き抜いた。ビルはコダックでもめきめきと頭角を現し、1983年にはロンドンでヨーロッパにおける消費財部門の責任者を務めていた。

1979年に初めて求職活動をしたとき、ビルはコロンビアのフットボール仲間に、ペプシコの幹部だったジョン・スカリーを紹介された。ビルはその際にオファーされた仕事は受けなかったが、スカリーは1983年にシリコンバレーに来てアップルCEOになると、すぐにビルに電話をかけた。

コダックを辞め、子どもを連れて――ビルは1976年にコロンビアの元教務主事ロバータ・スパニョーラと結婚していた――西海岸のアップルに来てくれないか？

「私はぼんくらフットボールコーチとして、キャリアを何年も無駄にした」とビルはのちに語っている。「こういう経歴だから、同年代の集団をいつも追いかけているような気がしていた。実力主義の荒くれた西部へ行けば、すばやく動いて経営に参画できるチャンスがあると思った」(8)

すばやく動く、まさにその通りだ。彼はアップルに入社後わずか9か月でセールス・マーケティング担当副社長に昇格し、鳴り物入りの「マッキントッシュ」の発売をまかされた。マッキントッシュはAppleⅡに代わってアップルの主力製品になった新しいコンピュータだ。

新製品のプロモーションのために、アップルは大胆な行動に出た。１９８４年1月22日にフロリダ州タンパで開催されるスーパーボウルのTV中継のCM枠を買ったのだ。

ＣＭが完成すると、ビル率いるチームはアップルの共同創業者スティーブ・ジョブズにさっそく見せた。それはジョージ・オーウェルの小説『１９８４』にヒントを得たもので、若い女性が暗い廊下を駆け抜けるシーンから始まる。

彼女が追っ手を振り切って大きな部屋に入ると、そこでは灰色の服を着たスキンヘッドの男たちが魂を抜かれたかのように、巨大スクリーンに映し出された「ビッグブラザー」風の人物の単調な演説に見入っている。女性が叫びを上げ、スクリーンに大きなハンマーを投げつけて爆発させると、マッキントッシュのおかげで「１９８4年は『１９８４』のようにはならない」だろう、というナレーションが流れる。※

「やっちまえ！」の行動原理

スティーブはＣＭを大いに気に入った。当時のビルの上司Ｅ・フロイド・クヴァンメも気に入った。ビルも気に入った。試合まであと10日ほどというとき、彼らは取締役会にそれを見せた。

取締役会はＣＭが気に入らなかった。これはひどい、というのが彼らの総意だった。コストがかかりすぎるし、物議を醸《かも》しすぎる。ＣＭ枠をどこかに売り払えないか？　手を引くにはもう遅すぎるのか？　数日後、アップルのセールス責任者がビルとフロイドに、枠の買い手が見つかったと言ってきた。フロイドはビルに聞いた。「どうする？」

「やっちまえ！　放映するぞ」がビルの答えだった。

枠の買い手がいることは取締役会にも幹部にも伏せて、彼らは放映を敢行した。アップルのＣＭは、この試合中継で最も人気を博したスポットＣＭになっただけでなく、世界で最も有名なＣＭに数えられ、スーパーボウルのＣＭが試合そのものと同じくらい話題になる時代の幕開けを告げることとなった。

２０１７年のロサンゼルスタイムズでは「史上最高のスーパーボウルＣＭ」[9]と評された。最後のシーズンを終えてから5年も経たない、元「ぼんくらフットボールコーチ」にしては、上出来な結果だ。

クラリスのスピンオフ

１９８７年、アップルはソフトウェア部門のクラリスを独立企業としてスピンオフする

※　ＣＭを見るには、お好きな検索エンジンで「アップル　１９８４　ＣＭ」と検索してほしい。

ことを決定し、ビルにCEO就任を要請した。

彼はこのチャンスに飛びついた。クラリスはビルのもとで順調に業績を伸ばした。だが1990年になるとアップルはクラリスを公開企業として独立させるという当初の計画を撤回し、完全子会社として傘下に収めることを決定した。

この方針変更により、ビルをはじめ数人の幹部がクラリスを去ることになった。ビルの退任は誰もに惜しまれ、クラリスの従業員たちはサンノゼ・マーキュリー・ニュース紙に感謝を伝える全面広告を出した。

「さよなら、コーチ」という見出しのもとに、「ビルへ、あなたのリーダーシップ、あなたのビジョン、あなたの知恵、あなたの友情、あなたの気骨が恋しい」というメッセージが書かれている。「あなたは僕らに独り立ちする方法を教えてくれた。永続できる会社に育ててくれた。もう僕らのコーチはしてもらえないが、これからも誇りに思ってもらえるように頑張るよ」

クラリスは1998年までアップル子会社として存続した。

次にビルは、GOコーポレーションというスタートアップのCEOに就任した。GOは世界初のペン入力携帯情報端末(パームパイロットやこんにちのスマートフォンの先駆け)の開発・製造を試みた企業だ。野心的なビジョンだったが時代が追いつかず、GOは19

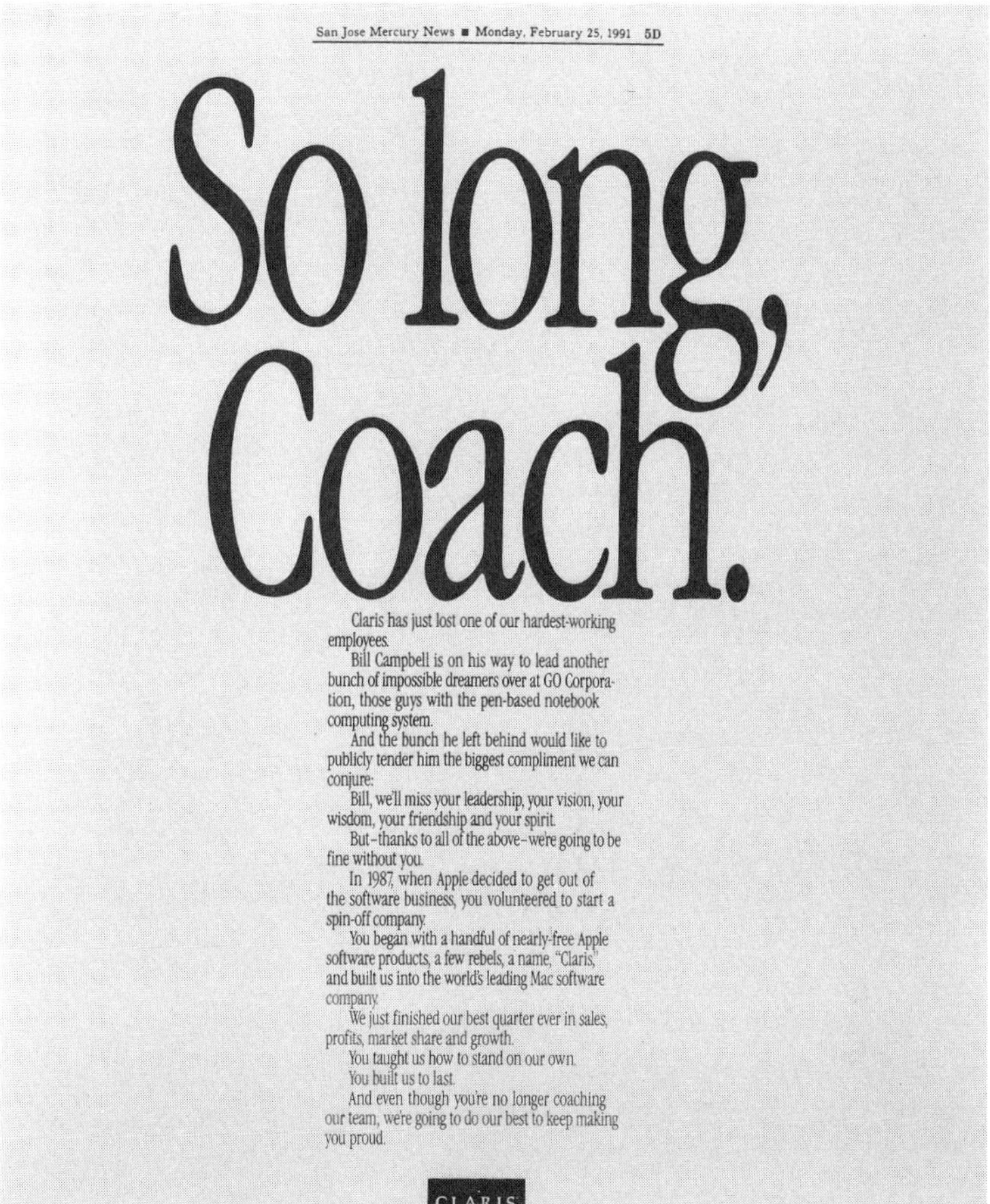
San Jose Mercury News ■ Monday, February 25, 1991 5D

So long, Coach.

Claris has just lost one of our hardest-working employees.

Bill Campbell is on his way to lead another bunch of impossible dreamers over at GO Corporation, those guys with the pen-based notebook computing system.

And the bunch he left behind would like to publicly tender him the biggest compliment we can conjure:

Bill, we'll miss your leadership, your vision, your wisdom, your friendship and your spirit.

But–thanks to all of the above–we're going to be fine without you.

In 1987, when Apple decided to get out of the software business, you volunteered to start a spin-off company.

You began with a handful of nearly-free Apple software products, a few rebels, a name, "Claris," and built us into the world's leading Mac software company.

We just finished our best quarter ever in sales, profits, market share and growth.

You taught us how to stand on our own.

You built us to last.

And even though you're no longer coaching our team, we're going to do our best to keep making you proud.

CLARIS

Chris Gaede

サンノゼ・マーキュリー・ニュース　1991年2月25日月曜日

サンノゼ・マーキュリー・ニュース（訳文）

さよなら、コーチ

クラリスはたったいま、最も勤勉な従業員の1人を失った。
ビル・キャンベルは、今後ペン入力コンピュータを開発する
GOコーポレーションで、ケタはずれの夢想家たちの集団を
またしても指揮することになる。
そして彼があとに残していく集団は、ここに彼への最大の賛辞を贈りたい。
ビルへ、あなたのリーダーシップ、あなたのビジョン、あなたの知恵、
あなたの友情、あなたの気骨が恋しい。
いろいろありがとう、でもあなたがいなくなっても大丈夫だ。
1987年にアップルがソフトウェア事業からの撤退を決めたとき、
あなたはスピンオフ企業の立ち上げに手を挙げた。
あなたはほんの一握りのアップルのソフトウェア製品と、数人の反逆者たち、
そして「クラリス」という名前だけを持って会社を始め、
世界有数のMac用ソフトウェア企業に育て上げた。
クラリスは過去最高の売上高、利益、市場シェア、成長率を達成して、
直近の四半期を終えたばかりだ。
あなたは僕らに独り立ちする方法を教えてくれた。
永続できる会社に育ててくれた。
もう僕らのコーチはしてもらえないが、
これからも誇りに思ってもらえるように頑張るよ。

CLARIS

94年に廃業した。「GOは走り出さなかった」《ゴー》とビルは言ったものだ。

「人材育成」は千差万別に向き合え

このころ、インテュイットの共同創業者でCEOのスコット・クックと取締役らは、CEOの後任を探していた。ベンチャーキャピタル、クライナー・パーキンスの会長ジョン・ドーア※が、ビルをスコットに紹介した。

スコットは最初、「コーチ」にそれほど感銘を受けなかったが、2か月経ってもまだ新しいCEOが決まっておらず、もう一度ビルと会うことにした。二人でカリフォルニア州パロアルト界隈を散歩し、このとき意気投合した。

「初めて会ったときは、事業や戦略について話した」とスコットは言う。「だが次は戦略から離れて、リーダーシップや人材の話をした。私が会ったほかの人たちは、人材育成について型にはまった考え方をしていた。いわゆる『黒であるかぎり何色でもいい』というやつだ。でもビルは鮮やかな虹色だった。一人ひとりの考え方や背景がちがうことを理解していた。人材育成やリーダーシップの問題への取り組み方がきめ細かく、斬新だった。

※ ジョンはシリコンバレーで最も成功しているベンチャーキャピタリストの一人で、クライナー・パーキンスを通じてグーグル、アマゾン、ネットスケープ、サン・マイクロシステムズ、インテュイット、コンパックなどに投資してきた。

僕が探していたのは、自分にできない方法で社員を育ててくれる人だ。ビルはその達人だった」

ビルは1994年にインテュイットのCEOに就任し、数年にわたって同社を成長と成功に導いてから、2000年に退任した。[※1]

彼は自分では気づいていなかったが、このときキャリアの第3章にさしかかろうとしていた。フルタイムのコーチ業への復帰である。だが今度の舞台はフットボール場ではなかった。

スティーブ・ジョブズとの信頼関係

スティーブ・ジョブズが1985年にアップルを追放されたとき、ビル・キャンベルはそれに抵抗した数少ない同社幹部の一人だった。当時のビルの同僚デイブ・キンザーは、ビルがこう話すのを聞いたという。「スティーブを会社にとどめなくては。あんなに才能のあるやつを手放すわけにはいかない!」

スティーブは彼の誠意を忘れなかった。1997年にアップルに復帰してCEOに就任し、[※2]ほとんどの取締役が退任すると、彼は新しい取締役の一人にビルを指名した(ビルは2014年までアップル取締役を務めた)。

スティーブとビルは親しい友人になり、しょっちゅう行き来した。日曜の午後にはパロアルト界隈を散歩して、あらゆるテーマについて意見を戦わせた。ビルは幅広い分野でのスティーブの相談相手であり、コーチ、メンター、友人だった。

だがビルはスティーブだけのコーチではなかった。じっさい、彼は１９７９年にフットボールを離れはしたが、ひとときたりともコーチであることをやめなかった。いつでも時間を取って友人や隣人、子どもの学校の親たちと話した。彼らをハグし、どんな話にも耳を傾け、彼らが視野を広げ、何らかの気づきを得、決定を下すのに役立つ物語を語った。

ビルが２０００年にインテュイットのＣＥＯを辞し（会長は２０１６年まで務めた）、次の挑戦を求めていたとき、ジョン・ドーアは、歴史あるベンチャーキャピタル企業クライナー・パーキンスに来て、投資先企業のコーチになってくれないかと、ビルを口説いた。

ベンチャーキャピタルは「客員起業家（アントレプレナー・イン・レジデンス）」として、働きながら起業のアイデアを温める、聡明でたいていは若いテクノロジストを社内に常駐させることが多い。

※１　ビルは１９９８年７月にインテュイットＣＥＯをいったん退いたが、後任のビル・ハリスが辞任したため１９９９年９月に復職し、２０００年初めまでＣＥＯを務めた。

※２　正確には、スティーブは１９９７年からアップルの暫定ＣＥＯを務め、２０００年１月に肩書きから「暫定」の文字を外した。

それなら実務と戦略に精通し、スタートアップが成長の波を（または成長不足を）乗り越える手助けをする「客員経営者」がいてもいいじゃないかとジョンは考えた。

ビルはジョンの求めに応じ、〔著名ベンチャーキャピタルが軒を連ねる〕サンドヒル・ロードの生活に溶け込んだ。

グーグルＣＥＯたちへのコーチング

２００１年のある日、スタンフォード大学の二人の生意気な若者が経営するシリコンバレーのスタートアップが、プロのＣＥＯとしてエリック・シュミットを迎えることを決めた。エリックはサン・マイクロシステムズのソフトウェア部門を立ち上げ、ノベルの会長兼ＣＥＯを務めていた。

ジョン・ドーアはそのエリックに対し、ビル・キャンベルをコーチにつけるよう勧めた。エリックは以前、サンのＣＥＯスコット・マクネリがビルをサンに招こうとしていたときにビルと出会い、彼の実績とエネルギーに感銘を受けていた。あるときサンのオフィスにミーティングにやってきたビルが、日帰りで日本に行ってきたと話すのを聞き（！）、それが強烈な印象として残っていた。

そうは言っても、エリックには正当だが高いプライドがあった。ノベルのＣＥＯとサンのCTO（最高技術責任者）を務め、カリフォルニア大学バークレー校でコンピュータサイエンスの修士号と博士号を、プリンストン大学で電気工学の学士号を取得するという、華々しい経歴を重ねてきた。その自分が、ペンシルベニアから来た、このしゃがれ声の――それもフットボールコーチ上がりの――男に、いったい何を教わることがあるというのか？

だが、教わることは大いにあった。1年も経たないうちに、エリックの自己評価に大きな変化が表れた。「ビル・キャンベルは、私たち全員のコーチとして非常に大きな役割を果たしている」とエリックは書いている。「いまにして思えば、彼の役割は最初から必要だった。この体制をもっと早く、理想を言えば私がグーグルに入社した瞬間から取り入れるよう促すべきだった」

ビルはそれからの15年間、エリックと毎週のように会った。エリックだけではない。彼はジョナサンとラリー・ペイジをはじめ、何人ものグーグル幹部のコーチになった。エリックが毎週開催するスタッフミーティングに参加し、（都合のよいことに、ビルがまだ会長を務めていたインテュイットの本社と目と鼻の先の）カリフォルニア州マウンテンビューのグーグルのキャンパスをしょっちゅう訪れた。

シリコンバレー中のＣＥＯをコーチする

この15年間に、ビルの助言はグーグル全体に深い影響をおよぼした。と言っても、彼が「やるべきこと」を指図したというわけではない――まったくない。たとえプロダクトや戦略に何か思うところがあったとしても、彼はたいてい胸のうちにとどめた。

むしろチームのコミュニケーションが取れているかどうか、緊張や対立が明るみに出され、話し合われているかどうかに気を配り、大きな決定が下されるときは、賛成しようがしまいが全員がそれを受け入れていることを確認した。

ビル・キャンベルは、グーグルの成功にとって最も重要な存在の一人だったと断言できる。彼がいなければいまのグーグルはない。

誰にとってもこれだけの業績があれば十分満足だと思うが、ビルはそうではなかった。彼はグーグルの経営陣やアップルのスティーブ・ジョブズと仕事をするあいだも、ほかの多くの人たちに力を貸した。

彼がコーチした人たちの名を挙げてみよう。

インテュイットの元ＣＥＯブラッド・スミス。イーベイの元ＣＥＯジョン・ドナホー。元アメリカ副大統領アル・ゴア。ツイッターの元ＣＥＯディック・コストロ。フリップボードのCEOマイク・マッキュー。ネクストドアのCEOニラフ・トリア。コロンビア大学の学長リー・C・ボリンジャー。メトリックストリームの元CEOシェリー・アーシャンボー。ベンチャーキャピタル、アンドリーセン・ホロウィッツのベン・ホロウィッツ。セイクリッド・ハート・スクールのフラッグフットボール※部の少年少女。ベンチャーキャピタル、ベンチマークのゼネラル・パートナー、ビル・ガーリー。NFL殿堂入り選手のロニー・ロット。ハンドル・ファイナンシャルのCEOダニー・シェイダー。グーグルのCEOスンダー・ピチャイ。チェグのCEOダン・ローゼンスワイグ。ホームステッドの仲間でピッツバーグ・スティーラーズの元クォーターバック、チャーリー・バッチ。オルタモント・キャピタル・パートナーズの社長ジェシー・ロジャース。スタンフォード大学の元学長ジョン・ヘネシー。フェイスブックのCOOシェリル・サンドバーグ。

誰が壇上に上がったか？

追悼式では、ビルへの賛辞が読まれる時間になったが、いま挙げたなかで壇上に上がった人は一人もいなかった。その日マイクの前に立った一人めは、ビルの大学時代のフットボール仲間、リー・ブラックだった。リーは友人の「ボールジー」について語り始めたの

※　（訳注）アメフトを安全で手軽に楽しめるように改良したスポーツ。

だが、それはほかならぬビルのことだった。

ビルはコロンビアにやってきたとき、チームでいちばん小柄だったが、タックルやブロックの練習では誰よりも果敢だった。ある日練習に向かうバスでリーが言った。「キャンベル、お前ほんとに肝っ玉《ボールジー》がすわってんな」。チームの全員にあだ名があり、以後ビルは「ボールジー」になった。

3年生でキャプテンに任命されてからも、「キャプテン」ではなく「ボールジー」と呼ばれた。彼にちなんで名づけられたコロンビアのキャンベル・スポーツ・センターは、学生アスリートのためのトレーニングスペースや会議室、コーチのためのオフィスを備えた施設で、フットボール界では「ボールズ・ホール」と呼ばれている。

この日私たちはビルについて多くのことを学んだが、最も驚いたのが、この偉大なビジネスリーダーにしてスティーブ・ジョブズの相談相手、アイビーリーグ・チャンピオン、コロンビア大学のフットボールコーチと評議会会長、二人の実子と三人の連れ子の父親※である彼が、グラウンドでの攻撃的なプレーで「ボールジー」という敬称を得ていたことだ。コロンビア時代のチームメイトを除けば、誰もこのあだ名を聞いたことがなかった。だが、とてもしっくりくるように思われた。

会場には生まれも育ちもちがう、さまざまな人たちが集まっていた。

ニューヨークでビルの運転手を長らく務めた親友のスコッティ・クレイマー。ビルのニューヨークの行きつけの店、スミス&ウォレンスキーのヘッドウェイター、ダニー・コリンズ。コロンビアでビルと働いた元フットボールコーチで、結婚式ではビルに付添人をしてもらい、飛行機嫌いだがビルの式を逃してなるものかと東海岸のロードアイランドから車を飛ばしてきた、ジム・ラジャーズ。

コロンビアのフットボールチームでビルとともにプレーした仲間たち、ビルにコーチを受けた仲間たち。夏のあいだキャンベル邸に寝泊まりしていたスタンフォードのフットボール選手たち。ビルが共同経営し、入り浸っていたパロアルトのスポーツバー、オールド・プロのスタッフ。ビルの毎年のスーパーボウル観戦ツアーやカボ・サンルーカス旅行、ピッツバーグなどの東部への野球観戦ツアーに同行した友人たち。

なぜなら、この会はビルを「なんとなく」知っていて、彼に敬意を表しつつ、人脈づくりをするためにやってきた職業人の集まりではなかったからだ。ビルを本気で愛した人たちの集まりだった。

ブルーノ・フォートゾもその一人だ。彼はビルがメキシコのカボ・サンルーカスの別荘にいるあいだ通ったエルドラド・ゴルフコースで、ビルのキャディを務めていた。ビルと

※　ビルはロバータと2009年に離婚し、アイリーン・ボッチと2015年に再婚した。

ブルーノは家族ぐるみで親しくつき合い、コースで軽口を叩き合い、カボ周辺の店で食事をして楽しんだ。「ふつうはゲストと親しくなることはありません」と彼は言った。「でもビルはほんとに楽しい人だった。誰にでもやさしかった」

数年前にフォートゾ家が休暇でアメリカを訪れたとき、ビルはブルーノと妻、息子たちをパロアルトとモンタナの家でもてなした。だからブルーノはビルの式を逃すはずがなかった。その日の午後、セイクリッド・ハート・スクールの式場に到着すると、彼はビルの家族に近い前方の席に案内された。「アップルのミスター・クックとエディー・キューの真うしろの席だったよ」とブルーノ。「隣にも誰かいた。名前は忘れたが、グーグルのお偉いさんだ」

ビル・ゲイツへのハグ

ビル・キャンベルはいろんなことで有名だったが、おそらく彼のいちばん目立つ特徴、トレードマークはハグだった。ビルは誰でもハグした。マイクロソフトが1994年10月の公開イベントでインテュイットの買収を発表したときも、ビルはステージを大股で横切り、（あまりハグ上手とはいえない）ビル・ゲイツをガバッとハグしている（買収交渉はその後決裂した。ハグと買収失敗との因果関係は不明だ）。

ビルのハグは、弱々しい、投げやりな、かたちだけの、弁護士へのご機嫌取りの、背中を叩き音だけのキスを二度ほど交わすようなハグとはまるでちがう。

彼はハグに関してはクマのようだった。いつも本気をぶつけてくるようなハグをした。なぜなら本気だったからだ。リーはスピーチの終わりに、「ビルを喜ばせるために周りの人をハグしましょう」と聴衆に呼びかけた。

これが、グーグル共同創業者でアルファベットCEOのラリー・ペイジが、カボ・サンルーカスのキャディ、ブルーノ・フォートゾとハグを交わした顚末《てんまつ》だ。

「ミスター・キャンベルは誰にでもわけへだてなく接した」と、ブルーノは話してくれた。「あの日、まわりにいた人たちが誰だったかはよく知らない。ただ、みんなビルの友だちだった」

その日の誰の言葉にも劣らない、ビルへのすばらしい賛辞だ。

リーに続いてスピーチをしたのが、パット・ギャラガーだ。パットはサンフランシスコ・ジャイアンツの球団幹部を長年務めた成功者で、わが国で最も敬愛されるスポーツ実業家の一人だ。自分が33年間いたジャイアンツを2009年に去ったから、チームは2010年、2012年、2014年とワールドシリーズを制覇できたのだと彼は笑う。

だが彼がビルに賛辞を捧げる栄誉を得たのは、輝かしい経歴や才能のためではなく、友情のためだった。

彼とビルはパロアルトの隣人同士で、ビルとロバータの夫妻が1980年代半ばに西へ移ってきて間もなく出会い、気の合う隣人としてさまざまなかたちで友情を育んできた。一緒に子どものスポーツチームをコーチし、試合後に子どもたちの家族とビールやハンバーガーを食べに行き、公園で子どもを遊ばせ、近所を散歩し、ときおり食事会をした。二人は多くのよいときも少しの悪いときもお互いに忠実であり続けた友人だった。

パットは言った。

「ほとんどの人には、人生のなかでやってきては去って行く友人や知人がいます。そのなかに、親しい友人や家族といったずっと数の少ない仲間がいます。そして、片手か両手で数えられるほどの親友がいます。親友とは、何でも気兼ねなく話せる人です。何があってもいつもそばにいてくれる人です。ビル・キャンベルは私の親友でした。ビルのことを親友と思っていた人が、あと2000人だけいたのを知っています。でもかまわなかった。ビルは私たち一人ひとりのために時間をつくってくれました。みんなと同じ一日24時間をすごしていたはずなのに、どういうわけか、そんな一人ひとりに寄り添う時間をいつも見つけてくれました。何があっても必ずそばにいてくれました」

式が終わり、しかし会場でまだ談笑している列席者の合間をぬって、フィリップ・シンドラーがエリックを探していた。グーグルのCBO（最高事業責任者）であるフィリップは、ビルに影響を受けたグーグラー（グーグル社員）の一人だ。

フィリップはほんの数週間前、ビルがみずからの経営原則を次世代リーダーに教える、グーグルの幹部向けセミナーに出たばかりだった。ビルがいなくなってしまったいま、フィリップは彼の教えをグーグルだけでなく、すべての人に伝えなくてはという使命感に燃えていた。

エリックを見つけるやいなや、彼はこう持ちかけた。ビルが僕らに授けてくれたすばらしい知恵を、世界中の人たちとシェアできるものにしないか？　僕らは伝説的経営者から、じかに教えを受ける幸運に恵まれた。僕らが何か手を打たなければ、このすべてが失われてしまうぞ。

「1兆ドルのコーチ」とは？

ビル・キャンベルは1兆ドルにも値するコーチだった。いや、1兆ドルは彼が生み出した価値に遠くおよばない。

彼はスティーブ・ジョブズがつぶれかけのアップルを立て直し、時価総額数千億ドルの会社にするのを助けた。ラリー・ペイジとセルゲイ・ブリン、エリックがスタートアップだったグーグル（現アルファベット）を時価総額数千億ドルの企業にするのを助けた。

これだけでも1兆ドルを大きく超えているが、ビルがアドバイスした企業はほかにも数知れない。その意味で、ビルは史上最高のエグゼクティブコーチだった。そして彼は個人のパフォーマンスを最大限に引き出すことに専念する、ただのエグゼクティブコーチではない。ビルはチームをコーチした。

ビルが亡くなってから、グーグルでは社内研修で彼の経営原則を次世代リーダーに教えている。だから私たちは、フィリップにけしかけられてビルの本を書こうかと考え始めたとき、聖人伝※を書くという考えをすぐに捨て去った。きっとビル自身も（もっと口汚い言葉で）こう言ったことだろう。「ホームステッド出身のぼんくらの話なんか、誰が読みたがるんだ？」

誰が読みたがるかはわからないが、確実にわかっていることがある。それは、ビルのコーチングに対するアプローチ、つまり彼がコーチした内容と方法の両方がユニークであり、とてつもなく――1兆ドルもの価値を生むほど！――成功したということだ。

また彼の教えは、すばやく動いて斬新な新しい機能やプロダクト、サービスを生み出し続けられるかどうかで成功が決まる、こんにちのビジネス界に何より必要なものである。

チームをコミュニティにする

私たちは前著『How Google Works　私たちの働き方とマネジメント』（日経ビジネス人文庫）のなかで、企業が速いスピードとイノベーションを実現するために欠かせない、「スマート・クリエイティブ」と呼ばれる新しいタイプの人材がいると論じた。

スマート・クリエイティブとは、専門性とビジネススキル、創造力を兼ね備えた人材をいう。こうした人材はいつの時代にもいたが、インターネットとスマートフォン、クラウドコンピューティング、またそれらに付随するさまざまなイノベーションの出現によって、こんにち彼らはかつてないほど大きなインパクトを生み出せるようになっている。

企業が成功するためには、すばらしいプロダクトを生み出し続ける必要がある。そしてそのためには、スマート・クリエイティブを引きつけ、彼らがとてつもない成功を成し遂げられるような環境をつくりだすことが欠かせない。

しかし、私たちは本書のための下調べをし、ビルが長年のあいだにコーチした何十人もの人たちに話を聞くうちに、この考え方からはビジネスの成功に不可欠な、ある重要な要素が抜け落ちていることに気づいた。

※　聖人伝（ハギオグラフィー）では、対象が美化して語られる。エリックが「ハギオグラフィーを書くつもりはない」と言ったとき、何を意味しているのか、ジョナサンとアランは辞書を引かなくてはならなかった。

企業の成功にとって、スマート・クリエイティブを生かす環境と同じくらい重要な要素がもう一つある。それは、さまざまな利害をまとめ、意見のちがいは脇に置いて、会社のためになることに個人としても集団としても全力で取り組む、「コミュニティ」として機能するチームだ。

人は職場の協力的なコミュニティの一員だと感じると、仕事に対する意欲が高まり、生産性が上がることが、研究により示されている。逆に、職場にそうしたコミュニティが欠落していることは、仕事での燃え尽き《バーンアウト》の主な要因になる。(10)

だが高いパフォーマンスを上げるチームで働いたことがある人なら誰でも知っているように、チームはつねにコミュニティとして機能するわけではない。

ハイパフォーマンスなチームには当然ながら頭が切れ、攻撃的で、野心的で、意志が強く、はっきりした意見を持つ、自尊心の強い人たちがそろっている。彼らは一緒に働いてはいるが、昇進を争うライバルかもしれない。また幹部であれば、より多くの資源や栄誉を得ようとして、自分の部署などをほかと競い合わせる――これを「地位葛藤（ステータス・コンフリクト）」という――こともあるだろう。

次の高みをめざす人たちにとって、個人的な目標を、チームを成功させるという目標と並行して、または優先して追求したい誘惑には相当なものがある。かくして内部競争が主役になり、報酬やボーナス、表彰、ときにはオフィスの大きさや場所さえもが優劣を競う手段になる。

これは大問題だ。そうした環境では、利己的な人が利他的な人よりも有利になることがあるからだ。こうした「集団内」の対立がチームのパフォーマンスに悪影響を与えることを、いくつもの研究（と常識）が示している。[11]

パフォーマンスが高いチームの条件

一方で、個人より集団の業績を優先する人たちのチームは、そうでないチームに比べ、一般にパフォーマンスが高い。したがって、そうした「ライバルたちからなるチーム」をコミュニティに変え、足並みをそろえて共通の目標に向かわせることが重要になる。

2013年の論文は、これをするための「デザイン原則」を明らかにした。たとえば意思決定と対立解消のための強力なしくみを取り入れる、などだ。[12]

だがそうした原則を忠実に守るのはむずかしい。動きの速い業界や複雑なビジネスモデル、テクノロジーが起こす変化、したたかなライバル企業、顧客の高すぎる期待、グローバル展開、要求の多いチームメンバー……といった要因、言うなればこんにちの企業経営の現実を考慮すればなおさらだ。

私たちの仲間でグーグルの元ＣＦＯ（最高財務責任者）パトリック・ピシェットの言うように、こうした要因がすべて存在していて、なおかつ野心的で、はっきりした意見を持ち、競争心が強い、頭のよい人たちのチームがあるとき、「組織内にはとてつもない緊張が存在する」。

緊張があるのはよいことだ。緊張がなければ凡庸な存在に成り下がってしまう。だが緊張が強すぎると、もう一つの重要な成功要因であるコミュニティを育むことがむずかしくなる。

ほどよい緊張を保ちつつ、チームをコミュニティに育て上げるには、コーチが欠かせない。つまり、個人だけでなくチーム全体と仕事をし、たえまない緊張を和らげ、共通のビジョンや目標と調和するコミュニティを育み続ける存在だ。

コーチはときとしてチームリーダーだけに働きかける場合もある。だが最大の効果を上げるためには、チーム全体に働きかけなくてはならない。そして、それこそがビルの理想とするやり方だった。

ビルはグーグルでエリックだけと会っていたのではない。ジョナサンをはじめ多くの幹部に協力し、エリックのスタッフミーティングにも定期的に参加した。これを受け入れがたいと感じる幹部もいるだろう。スタッフミーティングなどに「コーチ」を関わらせるのは、自信のなさの表れと受け止められかねないからだ。

2014年の研究によると、他人からの提案（つまりコーチング）を脅威に感じるのは、最も自信のないマネジャーだという。つまり逆に言えば、コーチを堂々と受け入れるのは自信の表れ、ということになる。[13]

また2010年の論文は、「グループコーチング」は効果があるにもかかわらず、チームやグループのパフォーマンス向上（論文では「目標重視型変化」）を図る手段として十分活用されていないのが現状だと指摘している。[14]

ビルならどうするだろう？

ビルはグーグル社内を歩き回り、人々と知り合った。彼の受け持ちはエリックなどの数人だけでなく、チームだった。彼はチーム全体を向上させた。

ビルがこれほどの功績を挙げたことを考えると、ビジネスの世界で大成した元スポーツコーチが少ないのは不思議な気もする。アスリートのコーチがスポーツの世界を超えた教訓を説く本は多くあるが、スポーツコーチとして成功した人が実業家としても力を発揮したという話はあまり聞かない。

だがビル・キャンベルがキャリアの最初の10年間を、究極のチームスポーツと言われるフットボールのコーチングに費やしたのは、けっして偶然ではない。フットボールでは、全員が協力し合わなければチームは負けるし、選手が負傷することもある。ビルは選手とコーチとして何年も活躍するうちに、力を合わせなくてはすぐれたチームになれないことを身をもって学び、それを実現する方法を学んだ――競技場だけでなく、オフィスや廊下、会議室でもだ。また彼はチームメイト間の緊張を見抜く目と、それを解決する方法を身につけた。

コーチはどんなスポーツチームにも欠かせない。最高のコーチは、すぐれたチームにさらに磨きをかける。ビジネスも同じだ。テクノロジーがあらゆる業界、消費者生活の隅々にまで浸透し、スピードとイノベーションがカギとなるこの時代、成功を収めるには、企業文化にチームコーチングを組み込むことが必須となる。力のある人たちを強力なチームとして束ねるには、コーチングに勝る方法はない。

とはいえ、社内のすべてのチームに(経営陣だけにでも)コーチを雇うのは、可能でもないし現実的でもない。問題はいろいろある。コーチをどこで見つけるのか? コストはどれだけかかるのか? さらに問題なのは、うまく機能しないかもしれないということだ。

ビルと仕事をした何十人もの人たちと話をするうちに、新しい意外な事実が浮かび上がってきた。たしかにビルは、私たちと同様彼らにも、生活や仕事で遭遇するさまざまな状況や試練に立ち向かう方法を教えた。だがビルはそうしたコーチングを通して、部下やチームをコーチする方法を示し、そのおかげで彼らはさらに有能なマネジャーやリーダーになることができたのだ。

彼らがこう言うのを何度も聞いた。興味深い状況に出くわすたび、「ビルならどうするだろう？」と考えるのだと。私たち自身、自分でもそうしていることに気づいた。ビルならどうするだろう？　「コーチ」ならこの事態にどう対処するだろう？

ビルのメソッドの「４つの側面」

社内のすべてのチームにコーチを雇うのは、可能でも現実的でもないし、そもそも正解でもない。なぜならどんなチームにとっても、最高のコーチとは、そのチームを率いるマネジャーなのだ。

有能なマネジャーやリーダーになるためには、有能なコーチにならなければならない。コーチングはもはや特殊技能ではない。有能なコーチでなければ、有能なマネジャーではいられないのだ。１９９４年の研究によれば、マネジャーは「管理、監督、評価、賞罰を中心とした伝統的なマネジメントの概念」を超えて、コミュニケーション、敬意、フィードバック、信頼をもとにした文化を醸成しなくてはならない。このすべてを、コーチングを通して生み出すのだ[15]。

マネジメントのスキルには人にまかせられるものも多いが、コーチングはちがう。これこそが、ビルが私たちに教えてくれたいちばん大切なことだ。

めまぐるしく変化し、競争が熾烈《しれつ》さを増す、テクノロジー主導のビジネス界で成功をつかむには、パフォーマンスの高いチームをつくり、途方もない成果を挙げるための資源と自由を彼らに与えるしかない。そしてパフォーマンスの高いチームに不可欠な要素が、卓越したマネジャーと思いやりのあるコーチの両面を併せ持つリーダーだ。ビル・キャンベルはこの点で、後にも先にも並ぶ者のない存在だった。

本書では、ビルが何をコーチしたか（コーチングの内容）と、どうやってコーチしたか（コーチングの方法）の両方を考えていきたい。

この「何を」と「どうやって」を、次の4つに分けて説明する。

まず、ビルはスタッフとの1on1ミーティング（個別面談）や、むずかしい従業員への対処といったマネジメントスキルを、どうやって細部に至るまで正しく実践していたか。

第2に、ビルは一緒に働く人たちとどうやって信頼関係を築いていったか。

第3に、彼はどうやってチームを構築していったか。

最後に、ビルはどうやって職場に愛を持ち込んだか。

そう、あなたの読みまちがいではない。たしかに「愛」と言った。

また、ビルのメソッドを裏づける学術研究や論文を適宜《てきぎ》紹介していこう。どの内容や方法もシンプルすぎて、最初はただの箴言《しんげん》のようなものにしか思えないかもしれない。だが経験豊かなリーダーなら誰でも知っているように、シンプルな考え方ほど実践するのはむずかしいものだ。※(16)

じっさい、あまりにむずかしいため、私たちは本書を執筆しながら、ビルは特別すぎて、彼が教えた内容と方法を彼のように組み合わせるのは、ほかの誰にもできないことなのではないかと悲観することもあった。私たちが書こうとしている、マネジャーをコーチングするための「ハウツー」マニュアルは、世界にたった一人の、悲しいことに亡くなってしまった人物にしか使いこなせないものではないか、と。

そんなことはない、というのが私たちの結論だ。私たちが光栄にも出会い、親しくさせてもらったビル・キャンベルは、唯一無二の存在だった。だが彼のコーチングの内容と方法は、ほかの人にも学べるものがほとんどだ。

※　2010年のオーストラリア・パースのカーティン工科大学による研究は、コーチの役割を担うマネジャーにありがちな失敗を挙げている。たとえばコーチングに十分な時間をかけない、人材育成は不可能だと考える、コーチングは業績につながらないと決めつける、など。

どんなビジネスのどんな組織のマネジャー、幹部、チームリーダーも、チームのコーチになることによって、より有能になり、チームのパフォーマンス（と幸福度）を高めることができる。私たちを含む多くの人にとって、ビルの原則がその助けになっている。あなたにもきっと役立つはずだ。

ビル・コーチはかけがえのない人だった。だが本書でビルの洞察を的確に捉え、示すことができれば、現在と未来のリーダーが、ビルを直接知る人たちと同じように、彼の叡智と人間性から学んでくれるのではないかと願っている。ベン・ホロウィッツの言う通りだ。「誰もビルにはなれないんだから、ビルをそっくりそのまままねたって仕方がない。でも僕は人として向上する方法を彼から学んだ。より誠実になり、人間と経営をよりよく理解する方法をね」

Don't fuck it up!

私たちは本書を執筆するために、ビルに何らかのかたちで深い影響を受けた数十人にインタビューを行った。ビルの幼なじみから、コロンビア時代のチームメイト、ボストンカレッジとコロンビアで彼がコーチした選手、フットボールコーチの仲間、コダックとアップル、GO、インテュイットでの彼の同僚、彼がコーチした企業幹部、彼のパロアルトの自宅にしょっちゅう泊まっていたスタンフォードの選手、家族、友人、それにセイクリッド・ハート・スクールのフラッグフットボール・チームで彼が指導した生徒まで、さまざまな人たちがいた。

インタビューのあいだに胸がいっぱいになってしまった人も多かった。ビルは自身が影響を与えた人たちの心に、それほどまでに深い愛と思いを生み出したのだ。私たちは彼の遺したものを伝える大役をまかされ、ビルを愛した人たちにとって本書が特別なものになることを重々理解している。

ビルは愉快なほど口の悪い男だった。若者が「えーと」「みたいな」などというのと同じ感覚で、ののしり言葉を連発した。ビルの口から出てくると、動詞でもなく形容詞でも副詞でも代名詞、名詞でもない独自の分類の、まったく新しい言葉に聞こえたから不思議だ。ジョナサンは「職場で悪態をつくと士気が高まる」という研究※をビルに教えたことがある。ビルにしては珍しく上品な言葉が返ってきた。「私にぴったりだな！」

だがパット・ギャラガーが追悼式のスピーチで言ったように、「ビルがああいう言葉を

※ 職場におけるののしりに好ましい影響があることが、多くの研究で報告されている。とくにストレスを和らげ、正直さ、誠実さ、創造性を高める効果があるという。だが職場で罰当たりな言葉をまくしたてる前に、一般に悪態をつく人は信頼性に欠け、知性が低いと見なされがちだという研究結果があることも知っておいたほうがいい。それに、あなたのお母さんはどのみちよく思わないはずだ。

使うと、なぜかののしっているようには聞こえなかった」。彼はこう続けた。「そろそろ神様の考えもわかりますね。ビルが天国へ行ってから1週間になろうとしています……自分の名前を悪態に使われて、神様の堪忍袋はもつのかどうか」

なお、ビルが亡くなる直前、パットは追悼式のスピーチをビルに頼まれ、「しくじるんじゃねえぞ！《ドント・ファック・イット・アップ》」と釘を刺されたそうだ。

この本を書くというアイデアに、ビルが賛成してくれたかどうかはわからない。彼は黒子でいることを好み、スポットライトが当たりそうになると陰に隠れ、本を書きたいという作家やエージェントの申し出を断り続けた。だが最後にはそうした考えを受け入れるようになっていたのではないかと、私たちは思っている。

伝記には興味がなさそうだが、彼のビジネスコーチングの姿勢を「コード化」し、彼のアップル、インテュイット、グーグルなどでの成功の軌跡をほかの企業に役立ててもらえる本が出るのは、そう悪くないと思ってくれるのではないだろうか。

彼が天国でイスにもたれ、うんうんとうなずきながら、このアイデアを受け入れようとしている様子が頭に浮かぶ。それから彼は満面に笑みを浮かべて身を乗り出し、あのしゃがれ声で言うにちがいない。「しくじるんじゃねえぞ！」

頑張るよ、コーチ。

Chapter

2

マネジャーは肩書きがつくる。リーダーは人がつくる

「人がすべて」という原則

2001年7月、創業3周年を間近に控えたグーグルは、のちに収益の大きな柱となる広告管理・運用サービスのアドワーズをリリースしたばかりだった。

当時グーグルには数百人の従業員がいて、そのうちの多くのソフトウェアエンジニアが、アップルやサンの幹部を経て6か月前にグーグルに入社したウェイン・ロージングの下で働いていた。

ウェインはマネジャーたちの仕事ぶりに不満を持っていた。エンジニアとしては優秀だが、マネジャーとしては二流だと感じていた。彼はラリーとセルゲイに相談し、三人はな

んとも過激なアイデアを持って、エリックのところにやってきた。エンジニアリング部門のマネジャーを全廃するというのだ。ウェインとエリックが「脱組織化《ディスオルグ》」と名づけたこの体制のもとでは、ソフトウェアエンジニアの全員が、ウェインに直接報告することになる。

ラリーとセルゲイはこのアイデアがとても気に入った。二人はきちんとした会社で働いた経験がなく、学生が何の「管理」も受けずに、アドバイザーのもとで協力してプロジェクトに取り組む、大学の緩やかな体制を好んでいた。

学問の世界から来た二人は、マネジャーの役割にかねがね疑問を持っていた。

そもそもなぜマネジャーが必要なのか？　とびきり優秀なエンジニアたちをプロジェクトに取り組ませ、プロジェクトが完了するかやるべき仕事が終わったら、次のプロジェクトを勝手に選ばせればいいじゃないか？　幹部がプロジェクトの進捗を知りたいとき、なぜ実際に仕事をしてもいないマネジャーと話す必要があるのか？　エンジニアに直接聞けばいいじゃないか？　世界最古のマネジャーは、最古の会社ができた直後に置かれたなんて、知ったことか。※ここは慣習が死滅した組織、グーグルだぞ。

マネジャーを置け

かくしてグーグルでは、すばやく動く必要のあるプロダクト開発チームを、マネジャー抜きで運営するという実験が始まった。これはちょうどビル・キャンベルがグーグルで働きはじめたころのことだ。ラリーとセルゲイが、エリックと働くのにやっと慣れてきたと思ったら、今度はまた別の新入りが社内をうろつきだしたのだ。

ビルはエリック、ラリー、セルゲイをはじめとする経営陣をゆっくり時間をかけて知るために、仕事が落ち着く夕方ごろにふらりとやってくることが多かった。彼らがいま何をしているのか、会社にどんなビジョンを持っているのかを尋ねてまわることによって、会社と文化を知ろうとした。

そうしたやりとりの一つで、ビルはラリーに言った。

「ここにはマネジャーを置かないとダメだ」

ラリーは答えにつまった。ちょうどマネジャーを全廃したばかりで、彼は結構満足していたのだ。たった数百人の人員で、将来的に数十億ドルの収益が見込めるプロダクトを着々と世に送り出している会社に、なぜまたマネジャーを戻す必要があるんだ？　マネジャーなしでうまくいっているじゃないか？

二人はどちらも譲らず、しばらく堂々めぐりの議論を続けた。とうとうビルはラリーの

※　最古の会社ができるよりも前かもしれない！　ピーター・ドラッカーが鋭く指摘するように、史上最も成功したマネジャーは、「約４５００年前のエジプトで、先例のないピラミッドの建設を統括した人物」だろう。

流儀にならって、それならエンジニアに直接聞いてみればいいと言った。彼はラリーとセルゲイと廊下をぶらぶら歩いて、二人のソフトウェアエンジニアを見つけた。ビルはその一人に、マネジャーがほしいかと尋ねた。

ええ、という返事だった。

なぜだ?

「何かを学ばせてくれる人や、議論に決着をつけてくれる人が必要だから」

その日彼らは数人のソフトウェアエンジニアと話したが、答えはほとんど同じだった。エンジニアは管理されたがっていた——何かを学ばせてくれ、意思決定の助けになるマネジャーになら。

ビルは正しかった! とはいえ、創業者の二人を納得させるには時間がかかった。グーグルのエンジニアリング部門は1年以上「脱組織化」モードを続けてからようやく打ち切りを決め、2002年末ごろに人間のマネジャーを戻したのだった。

じっさい、どちらの手法にもメリットがあることが、学術研究により示されている。1991年の研究によれば、企業はイノベーションの実装段階にあるとき(グーグルが検索エンジンやアドワーズを開発していたときなど)、資源を有効に配分し対立を解消するために、マネジャーを必要とする。他方2005年の研究によると、階層型の組織よりも、ブロードウェイに見られるようなネットワークを基盤とする環境のほうが、人材の創造性を高めるという。つまり創造性と業務効率は、つねに緊張関係にあるのだ。(1)

現場の士気がすべて

成功している企業の幹部はマネジメントを、すなわちオペレーショナル・エクセレンス※の実現を第一に考えなくてはならない、というのがビルの持論だった。

彼はマネジャーやCEOとして、チームに結果を出させることに長《た》けていた。人々をまとめ、強力なチーム文化を育んだが、その一方で結果が重要であり、それをもたらすのがすぐれた人材管理であることを見失わなかった。

「ミーティングを行う方法をしっかり考えるんだ」と、彼はグーグラー向けの経営セミナーで諭している。「業務レビューをどうやって行うか。1on1で部下を評価し、正しい軌道に戻してやるにはどうするか。成功している人は、会社の運営がうまい。すぐれたプロセスを持っていて、部下に説明責任を持たせる。最高の人材を採用し、評価し、フィードバックを与える方法を知っていて、給料を十分に支払う」

シリコンバレーの人々は、すぐれた業務運営以外の目標を追いかけて脱線することがあ

※（訳注）現場の業務遂行力が競争上の優位性を持つレベルにまで高められている状態。

る。ビルは、企業経営が結果ありきのゲームであることを周知徹底するのがとてもうまかった。みんなでチーム文化をつくりあげるが、その目的はあくまで結果を出すことにある。研究がビルのこの考えを裏づけている。全米の製造工場を対象とした2017年の包括的研究によると、モニタリング、ターゲティング、インセンティブといった業績志向の管理手法を取り入れている工場は、そうでない工場に比べ、業績がずっと高かった。[2] すぐれた管理手法は、研究開発やIT投資、労働者のスキルと同じくらい重要なのだ。

また2012年の研究によると、ビデオゲーム業界の収益のバラつきについて、すぐれた中間管理職の存在で説明できる割合は22%だったのに対し、ゲームデザインの独創性で説明できる割合は7%にすぎなかった。[3]

リーダーシップはマネジメントを突き詰めることによって生まれるものだと、ビルは考えていた。

「どうやって部下をやる気にさせ、与えられた環境で成功させるか？　独裁者になっても仕方がない。ああしろこうしろと指図するんじゃない。同じ部屋で一緒に過ごして、自分は大事にされていると、部下に実感させろ。耳を傾け、注意を払え。それが最高のマネジャーのすることだ」

リーダーは部下がつくる

ハーバード・ビジネススクール教授のリンダ・ヒルは、経営全般、なかでも経験の浅いマネジャーを研究対象とする経営学者だが、「独裁的な管理スタイルはうまくいかない」と指摘する。

2007年の論文で、彼女はこう書いている。

「管理職になったばかりの人は、直属の部下にやることを指示しても、従ってもらえるとはかぎらない。じっさい、部下は有能であればあるほど、単純に指示に従う可能性は低い」

そして、マネジャーの権威は「部下や同僚、上司と信頼を築くことによってこそ生まれる」と、彼女は結論づけている(4)(別の研究によれば、部下は権威主義的な管理スタイルに苛立《いらだ》つだけでなく、チームを去ってしまう可能性も高いそうだ(5)!)。

ビルもよく言っていた。「君がすぐれたマネジャーなら、部下が君をリーダーにしてくれる。リーダーをつくるのは君じゃない、部下なのだ」と。

ビルはこれはドナ・ドゥビンスキーの言葉だと言い、それにまつわる、あまり自慢にならない話をしてくれた。ドナはアップルと、アップルからスピンアウトしたクラリスでのビルの同僚だった。

ビルはアップルのセールス・マーケティング担当副社長を務めたやり手で、その前にいたコダックでも大成功していた。どちらの会社でもディテールにこだわり、部下の行動を細かく管理していた。その方法がうまくいっていたから、クラリスのCEOに就任したときも、やるべきことを指図するのが自分の仕事だと考えていた。そして実際にそれを行った。

ある日の夕方、ドナがビルのオフィスにやってきて、これからもそうやって指図するつもりなら、みんなでここを辞めてアップルに戻るつもりだと言い放った。誰が独裁者のために働きたいと思うもんですか。彼女はそう言って、新米CEOにちょっとした知恵を授けてくれた。「ビル、肩書きがあれば誰でもマネジャーになれるけど、リーダーをつくるのは部下よ※」

ビルはこの言葉を深く胸に刻み込んだ。あるとき、悩める優秀なマネジャーにこんなメモを送ったこともある。「君は部下の敬意を集めるのではなく、敬意を強要してきた。謙虚さと献身を示して、会社と部下を気にかけていることをわかってもらえ」

マネジメントの「細部」にこだわれ

ビルは一緒に働いている人たちが、リーダーシップとカリスマ性を混同することを懸念していた。カリスマ的ビジネスリーダーの代名詞、スティーブ・ジョブズと30年ものあいだ親しく仕事をしていた人間の口からそんな言葉を聞くのは、意外な気がしたものだ。

だがビルの目から見て、ジョブズは最初の任期中、つまり1985年にジョン・スカリーと取締役会によって会社から追放されるまでのあいだは、すぐれたリーダーではなかった。

1997年にアップルがジョブズの会社ネクストを買収したことにより、スティーブがCEOとしてアップルに復帰したとき、ビルは彼が変わったことに気がついた。

「スティーブはいつもカリスマ的で、情熱的で、とんでもなく優秀だった。だが復帰してから、彼が〝すぐれたマネジャー〟に変わっていくのを、私はこの目で見た。彼は何事においても細部にまでこだわった。プロダクトはもちろん、財務部門やセールス部門の運営、業務や物流の施策までの何もかもにおいてだ。スティーブはすぐれたマネジャーになってはじめて、すぐれたリーダーになれたんだ」

そんなわけで、私たちが毎週のコーチングセッションでビルに会い、本題に入ってから真っ先に話すのはオペレーションやタクティクス（短期的な戦術）など、マネジメントに

※ ドナはクラリスをやめてから、情報携帯端末パームパイロットのメーカー、パームを共同創業し、CEOを務めた。その後ハンドスプリングのCEOやイェール大学評議委員長を歴任し、現在は機械知能の企業ヌメンタのCEOである。

関することだった。

ビルが長期的な経営戦略の問題を取り上げることはめったになく、たとえあったとしても、その戦略を支える強力な行動計画があるかどうかを確かめるためにすぎなかった。

会社がいま直面している危機は何か？　どれくらい早く脱出できそうか？　採用はどうなっている？　チーム育成は進んでいるか？　スタッフミーティングはどうだったか？　全員からインプットを得たか？　何が話題に出たか、出なかったか？

ビルが気にかけていたのは、会社がしっかり運営されているか、そして私たちがマネジャーとして成長しているかどうかだった。

人がすべて

2008年8月、ゴシップサイト「ゴーカー」に、「テック業界の最も恐るべき暴君ベスト10」と題した記事が載った。[6]
「わめく者たちに捧ぐ」という書き出しで記事は始まっていた。名優リチャード・ドレイファスのナレーションによる1997年のアップルのCM、「シンク・ディファレント」

のパロディだ。「イスを投げる者たち。殺すぞと脅す者たち。威圧的な目つきの者たち。彼らは人とちがった見方をする――そしてそれに従うまであなたをにらみ倒す。ルールを好まず、とくに『従業員に敬意をもって接する』という人事規則を嫌う」

記事は続いてテック業界の最も悪名高い者たちの名前を並べ上げた。スティーブ・ジョブズ、スティーブ・バルマー、ビル・ゲイツ、マーク・ベニオフ、そして最後から二人目に、グーグルからただ一人のエントリー、われらがジョナサン・ローゼンバーグの名があった。

ジョナサンは歓喜した。業界最大のスターが並ぶトップ10リストに入ったぞ！　言うればタフな頑固者の殿堂入りだ！　数日後、ビルとの1on1の部屋に入ると、記事のコピーがテーブルに置いてあった。ジョナサンはニヤリとした。

だがビルは笑わなかった。「ジョナサン、これは自慢するようなことじゃないぞ！」。ジョナサンは返事らしきものをつぶやいたが、ビルはののしり言葉の弾丸でそれをさえぎり、急所にとどめを刺してきた。

「これを君の母さんに送ろうか？　母さんはどう思うだろうな？」

二人は「リナ・ローゼンバーグはリストに息子が載っているのを喜ばない」ということで合意した。

ビルがジョナサンに「人がすべて」の信条を語ったのは、このときが初めてだ。これはビルがインテュイットにいるあいだに持つようになった信条で、ジョナサン、エリックをはじめコーチしていた全員に対し、次の文句を同じように、何度も繰り返し語った。

人がすべて

どんな会社の成功を支えるのも、人だ。マネジャーのいちばん大事な仕事は、部下が仕事で実力を発揮し、成長し、発展できるように手を貸すことだ。われわれには成功を望み、大きなことを成し遂げる力を持ち、やる気に満ちて仕事に来る、とびきり優秀な人材がいる。優秀な人材は、持てるエネルギーを解放し、増幅できる環境でこそ成功する。マネジャーは「支援」「敬意」「信頼」を通じて、その環境を生み出すべきだ。

「支援」とは、彼らが成功するために必要なツールや情報、トレーニング、コーチングを提供することだ。彼らのスキルを開発するために努力し続けることだ。すぐれたマネジャーは彼らが実力を発揮し、成長できるよう手助けをする。

「敬意」とは、一人ひとりのキャリア目標を理解し、彼らの選択を尊重することだ。会社のニーズに沿う方法で、彼らがキャリア目標を達成できるよう手助けをする。

「信頼」とは、彼らに自由に仕事に取り組ませ、決定を下させることだ。彼らが成功を望んでいることを理解し、必ず成功できると信じることだ。

「最高のマネジャー」の条件

会社の人材が資産として扱われるべきだということは、多くの研究や企業幹部の発言が示す通りだ。しかし企業幹部は業績を高める方法を探す際に、マネジメントのカルチャーに十分目を向けないことが多い。これは間違いだ。

1999年の論文によると、マネジメント手法の評価が平均から1標準偏差上がるごとに、従業員一人当たり時価総額が1万8000ドル増加した。[7]

また、2008年のグーグルの社内調査（ビルのお気に入りの調査だ）は、最高のマネジャーがしている「8つの行動」を特定した。

調査結果によると、8つの行動を日々実践するマネジャーを持つチームは、離職率が低

く、満足度が高く、業績がよかった。これらの行動リストの筆頭に挙がったのが、「すぐれたコーチであること」だった。[※1]

「人がすべて」の考え方は、ほかの分野にも通用する。コロンビア大学のアスレチックディレクター、ピーター・ピリングは、ビルの協力のもとで、同大学アスレチック部門の使命と価値観を刷新した。このケースでは、「人がすべて」を「学生アスリートがすべて」と読み替えた。

いまではピーターとチームが何かの決定について検討するとき、何よりも先に考慮するのは、学生アスリートのことだ。

この決定は彼らにどんな影響を与えるのか？　この決定は「学生アスリートが最高レベルの業績を挙げられる機会を、できるだけ多く提供する」という、アスレチック部門の使命に沿っているか？　学生アスリートは、大学やコーチに大切にされていると実感できているか？

ピーターらは学生アスリートを全人格的に捉え、スポーツだけでなく、生活のあらゆる側面をサポートしている。ピーターは四半期ごとにヘッドコーチ全員とミーティングを行い、アスリートについてオープンで徹底的に率直な議論をしている。

このすべてが、ビルの原則から生まれた成果なのだ。

ビルは自分の後を継いでインテュイットのCEOになったブラッド・スミスに、毎晩眠りに就く前に、自分のために働いてくれる8000人のことを考えろと言った。

彼らは何を考え、感じているだろうか？　彼らが最高の自分になれるように手助けするにはどうしたらいいか？

NFL殿堂入り選手ロニー・ロットは、親しくしていた二人のコーチ、ビル・ウォルシュ[※2]とビル・キャンベルについて、こんなふうに話してくれた。

「すぐれたコーチは選手をどうやってよくするかを、夜も眠らずに考える。選手がもっと力を出せるような環境をつくることに喜びを感じる。コーチというものは、絵に的確に筆を入れようとする画家に似ている。コーチが描くのは人間関係だ。ふつうの人は、他人をよくする方法を考えるのに時間をかけたりしない。だが、コーチはそれをやる。それが、ビル・キャンベルのやったことだ。分野はちがっても、いつも同じことを彼はやっていた」

「夜眠れなくなるほど気にかけていることは何か？」とは、企業幹部に聞かれる定番の質

※1　グーグルの「プロジェクト・オキシジェン」調査の詳細は、デイビッド・A・ガービン「グーグルは組織をデータで変える」（「DIAMONDハーバード・ビジネス・レビュー」2014年5月号）で読むことができる。

※2　ビル・ウォルシュはサンフランシスコ・フォーティナイナーズで1979年から1988年までの10年間ヘッドコーチを務め、チームを3回スーパーボウル優勝に導いた。

問だ。ビルの答えはいつも同じ、部下のしあわせと成功だった。

人がすべて

あらゆるマネジャーの最優先課題は、部下のしあわせと成功だ。

「旅の報告」から始める

エリックは10年以上のあいだ、毎週月曜の午後1時にスタッフミーティングを行っていた。スタッフミーティングといっても、あなたが出たことのあるふつうの会議と多くの点で似たようなものだ。議題があり、テーブルを囲む全員が概況を報告し、こっそりメールをチェックし……という、おなじみの光景だ。

だがエリックはふつうとはちがうことを一つやった。スタッフが部屋に入って腰を落ち着けると、まず一人ひとりに週末何をしたかを尋ね、旅行帰りの人がいれば簡単に旅の報告をしてもらったのだ。

スタッフにはラリー・ペイジとセルゲイ・ブリンもいたから、カイトサーフィンの話や極限トレーニングの世界の最新報告もよくあったが、ジョナサンの娘のサッカーでの活躍や、エンジニアリング部門を率いるアラン・ユースタス※のゴルフのスコアなど、日常のありふれた話が中心になることもあった。エリックも出張帰りのときは、みずからレポートを提供した。訪れた都市をグーグルマップにピンで表示してスクリーンに映し出し、都市ごとに順を追って、旅行のことや旅先で見た興味深いことを報告した。

こうしたやりとりは、一見行き当たりばったりで仕事とは無関係にも思えるが、じつはビルが長年かけて開発し、エリックとともに磨きをかけたコミュニケーション法の一環だった。

目的は二つ。一つは、チームメンバーが、家庭や仕事外の興味深い生活を持つ人間同士として、お互いを知り合えるようにすること。二つめは、全員が特定の職務の専門家や責任者としてだけでなく、一人のグーグラーや人間として、最初から楽しんでミーティングに参加できるようにすることだ。

※ラリーとセルゲイの冒険心は、アランにも伝染したのかもしれない。アランは２０１４年10月、グーグルのサバティカル休暇中に、気球で成層圏の上まで上昇し、地上約４万１０００メートルからスカイダイビングして、自由落下の高度世界記録を樹立した。音速を超える時速約１３２３キロの最大落下速度を記録したあと、14分後に無事着地し、ジョナサンの言う「アランの自殺未遂」をやり遂げた。

職場環境とパフォーマンスの相関性

ビルとエリックは、楽しい職場環境が高いパフォーマンスと相関していることを理解し、そうした環境をてっとり早く生み出すには、家族や楽しいことについて話す（学者の言う「社会情動的コミュニケーション」）のがいちばんだと知っていた。

その後本題に入り、経営判断について話し合う際には、専門分野に関係なく全員が意見を述べるよう、エリックは求めた。一人ひとりが自分の体験を語り、人間同士として交流するというこの単純なコミュニケーション手法は、じつは意思決定を改善し、仲間意識を高めるための手段だったのだ。

ツイッター元CEOのディック・コストロは旅の報告をする習慣について、「最初はすごく変な気がした」と言う。彼もビルにこの方法を教わった一人だ。

「でもいざやり始めて、実際に様子を見てみると、こんなに変わるのかと驚いた。全員の関わり合い方が変化し、共感力が高まり、ミーティングの雰囲気がよくなったんだ」

ディックは自分がメンターをしているCEOのスタッフミーティングに出たときのことを話してくれた。そのミーティングはいきなり重要な話題や問題から始まり、親睦のためのやりとりは一切なかった。「それがどんなにギスギスしたものかを思い知らされた。チームが全体としてうまく機能しているのか、しっかりまとまっているのかが、まったくわからなかった」

マリッサ・メイヤーはヤフーのCEOだったとき、この「旅の報告」をアレンジしたものを行っていた。彼女のスタッフミーティングは旅の報告ではなく、「ありがとう」から始まった。「スタッフはあれを『家族の祈り』と呼んでいた。先週あったことについて、チームの誰かに感謝するの。自分に感謝してもいけないし、誰かと同じ人に感謝してもいけない。全員がこれをやることで、1週間をうまい具合に振り返れるというわけ」

コミュニケーションが会社の命運を握る

ビルはコミュニケーションが会社の命運を握る、とまで考えていた。君たちが理解していることを社員全員にしっかり理解させろと、口を酸っぱくして言った。何かをはっきり伝えたとしても、十分理解されるまでには何度か繰り返す必要がある。お祈りを何度繰り返してもご利益は減らないのだと。

じっさい、2002年のサザンメソジスト大学の研究によると、「誰に何を伝え、共有すべきか」を知ることが、マネジャーの重要な仕事だという。この「知識の共有化」は、正しくやればチームのパフォーマンスを高める効果があるため、時間をかけてやってみる

価値がある。(8)

ビルはその他のミーティングの運営にも細心の注意を払うよう、私たちを促した。「1on1を正しくやる」と「スタッフミーティングを正しくやる」が、彼のマネジメントの最重要原則の筆頭にあった。この二つのミーティングは、幹部が会社運営に利用できる最重要ツールで、それぞれを思慮深く行う必要があると、ビルは考えていた。

スタッフミーティングは1on1以上に、最も重要な問題と機会について話し合う場でなくてはならない。

「全員に共通認識を持たせ、適切な議論を行い、意思決定を下すために、ミーティングを利用するんだ」

重要な問題のほとんどは複数の部門に関わる問題だし、なにより全員が一堂に会して、ほかのチームで何が起こっているかを理解し、集団でそれを議論することによって、共通認識ができあがり、部署の垣根を越えた協力関係が生まれる。

また、1on1で解決できそうな問題であっても、スタッフミーティングでそれを話し合えば、協力し合いながら難題に取り組む練習をチームにさせることができる。

GOの創業者ジェリー・カプランは著書『シリコンバレー・アドベンチャー』（日経BP出版センター）のなかで、マイクロソフトとの競争が激化したときのことを書いている。

彼はビルと二人きりで話し合いを行おうとした。これは会社の命運を握る重大な問題で、議論を呼びそうな極秘事項を詳細にわたって議論する必要があったから、創業者とCEOの1on1がふさわしい場に思われた。だがこのときもビルはノーと言った。チームで議論して決定を下すべきだ。(9)

チームミーティングが、メンバーの積極的な関与を促すのに最適な場であることが、さまざまな研究で示されている。また、2013年の研究は、ミーティングにおいてメンバーの積極的な関与を促すには「適切なミーティングを行う」「全員に発言権を与える」「時間管理を徹底する」といった要素が重要だと指摘している。(10)

もっとも、そのような条件がいつもそろうとは限らない。2015年の別の研究では、回答者の50%以上がミーティングを時間のムダと感じていた。この研究はスタッフミーティングに限らず、すべてのミーティングを対象としたものだが、それでもスタッフミーティングは準備を周到に行うことが重要であることを示している。(11)

「旅の報告」から始める

チームメンバーの連帯感を生み出し、高めるために、旅の報告など仕事以外のプライベートな話題からスタッフミーティングを始めよ。

議論すべき「トップ5」を挙げよ

ビルと私たちの1on1ミーティングは、いつも彼の地味なオフィスで行われた。にぎやかなユニバーシティ・アベニューから南へ1キロ半ほど離れた、パロアルト商業地区の落ち着いた側、カリフォルニア・アベニューの外れという場所だ。

最初、そこまで行くのは時間のムダのような気がした——なぜ彼がグーグルまで来てくれないのか？ でもこれがふさわしい場所なのだと、すぐ気がついた。カウンセリングを受けるときは、あえてセラピストのところまで足を運ぶ。それと同じことだ。

ビルに会いに行くときは、何の表示も出ていない扉を通って、階段で2階まで上がり、廊下を歩いて、彼の長年のアシスタント、デビー・ブルックフィールドをハグし、会議室に入ってビルを待った。

エリックのミーティングでは、いつもホワイトボードにその日の議題を示す5つの言葉が書いてあった。それは誰かの名前のこともあれば、プロダクトや業務上の問題、近々行われるミーティングのこともあった。二人はそうやって話し合いに備えた……。

本書を執筆するために、エリックがビルとのミーティングをそんなふうに説明していると、ジョナサンが割って入った。

ビルはそうやって1on1を始めたんじゃない、とジョナサンは言った。たしかにビルは話し合うべき議題のトップ5リストをつくっていたが、ホワイトボードにでかでかと書いたりはしなかったぞ。ポーカーのプレーヤーが胸の前で手札を持つような感じで、あとまで伏せていた。

ビルは家族などの仕事以外の話をしてから、「君のトップ5はなんだ」とジョナサンに聞いた。

このやり方は、ジョナサンが自分の時間と労力をどう優先づけしているのかを知るための、ビルなりの方法だったのだと、ジョナサンはいまさらながら気がついた。もしもミーティングがビルのリストから始まっていたら、ジョナサンは何も考えずにそれを受け入れただろう。リストについての話し合いは、それ自体コーチングの一環だったのだ（これはエリックには明らかに必要なかった）。

ビルはグーグルの経営セミナーにおいては、1on1では銘々がボードに自分のリストを書くようにと教えた――二人で同時に手札を見せ合うということだ。そうすれば、何が共通しているかを二人で確認でき、それらのトピックをもれなく取り上げることができる。

また、二人のリストを一つにまとめることが優先順位づけの練習になると、ビルは考えていた。

同僚の意見に注意を払え

最初にホワイトボードに書かれるのが誰の5項目であれ、肝心なのはそれぞれが話し合いたい議題を持っていて、それについて話し合う準備ができていることだ。

ビルは1on1の準備を周到に行った。先にも述べたように、彼の考えるマネジャーの最も重要な仕事は、部下が実力を発揮し、成長し、発展できるように手助けすることだ。1on1はそれを行う絶好の場である。

フルタイムのコーチになってからは、相手に合わせてやり方を変えることもあったが、CEO時代に標準フォーマットをつくり、それをみんなに教えていた。

ビルはいつもミーティングを「ムダ話」で始めたが、彼の場合、それはそこまでムダな話ではなかった。

一般に職場での雑談はほとんどが通りいっぺんのものだ。「お子さんは元気?」と軽く聞いたり、朝の通勤の話をしてから、ビジネスの本題に入る。だがビルとの会話はもっと意味があり、奥深かった。ビジネスの問題より、プライベートな話題のほうが本題なのではと思うことすらあった。

じっさい、彼は本心から人々の生活に関心を持っていたのだが、そうした会話には強力な効果があった。2010年の研究によれば、こうした「意味のある」会話はただの雑談に比べ、幸福感を高める効果が大きいという[12]。

ビルはムダ（ではない）話をしてから、仕事の進み具合に移った。何に取り組んでいるんだ？　うまくいっているのか？　何か力になれることはあるか？

続いて、必ず同僚との関係に話題を移した。ビルは上司や上役よりも、同僚との関係を重視した。

ある日の1 on 1で、ジョナサンは自分の仕事に対して、創業者の二人から何のフィードバックも得ていないとビルに打ち明けた。二人はいったい何を求めているのだろう？

ビルの答えは、トップダウンのフィードバックなんか気にするな、それより同僚の意見に注意を払え、だった。君はチームメイトにどう思われているのか、肝心なのはそこだ！　二人は同僚たちがジョナサンの仕事をどう評価しているか、さらにその評価をよくするにはどうすればいいかを話し合った。

同僚との関係の次は、チームの問題に移った。ビルがつねに知りたがったのは、私たちがチームに関して明確な方向性を定めているか、それをことあるごとに強調しているかどうかだ。チームがやっていることを君たちは理解しているのか？　メンバーに何かうまくいっていないことがある場合は、どうやって方向転換して軌道に戻れるかを示すべきだ。「すべての部下をわが子と思え」とビルは言った。「軌道修正して向上できるように、手を貸してやるんだ」

イノベーションについても話した。チームにはイノベーションに取り組む余地があるのか？　イノベーションと業務遂行の本質的な対立関係にどう折り合いをつけているのか？　どちらか一方ではダメだ、バランスを取ることがカギだ。

本心からのメッセージを伝える

ビルは周到なコミュニケーション手法を持っており、コミュニケーションはこうあるべきという強い持論があった。彼はわりあい保守的で、対面での会話か、それが無理な場合は電話にこだわった（「ミーティングの予定を決めるまで4週間も待ってられるか」と彼は言った。「いますぐ電話しろ」）。GOのCEO時代は、ビルからメールをもらうだけでも大変なことだった。

だがシリコンバレー中の人々のコーチになってからは、ビルの夕方は、日中にメッセージを残した人たちへの連絡でつぶれた。ビルにボイスメッセージを残せば、必ず折り返し電話をくれた。

ビルはメールの達人でもあった。最近ではトップダウンのカスケード方式で（滝のように）メールを送るのが流行《はや》りだ。トップが幹部たちにメッセージを送り、幹部はそれを自分の言葉で書き直して自分の部下たちに送り、それがどんどん下へと続いていく。ビルはいつも私たちに、一つのメールをトップから直接全員に送るように教え、自身もそうしたメッセージの書き方をきわめていた。

本書のリサーチのために、私たちはビルからもらったメールを一つひとつ読み返してみたのだが、なんと見事に書かれているのだろうと、いちいち感嘆した。簡潔で、明快で、思いやりに満ちている（ジョナサンが父親を亡くしたとき、ビルはこう書いてくれた。「父上とお近づきになれなかったのが残念でならない。最愛の息子の君を、どんなにか誇りに思っておられたことだろう……」）。

彼は周りの全員にも同じことを期待した。地域密着型SNS、ネクストドアの共同創業者でCEOのニラフ・トリアアは、ニラフが格付けサイト、エピニオンズのCEOだった2000年夏に、初めてビルに出会った。

ベンチャーキャピタリストのビル・ガーリーが二人を引き合わせ、ニラフはビルとの初めてのミーティングで、コミュニケーションに関する教訓を得たという。

「ビルのためにデッキ〔プレゼン資料〕を用意していった。僕はいつも、チャーチルとか、その手の偉人の名言をちりばめていた。デッキを最初から最後まで説明する僕の見せびらかしに、ビルはしばらく付き合ってくれた。だが、やがてさえぎってこう言ったんだ。『何のために名言を入れてるんだ』と。『エピニオンズのことを何も教えてくれていないじゃないか』」

ビルは名言を全部削らせた。いま起こっていることと、やるべきことだけを話せ。

「あのころの僕は90%が見かけで、10%が中身だった。ビルは100%中身だった」

議論すべき「トップ5」を挙げよ

1on1は、部下が実力を発揮し、成長できるよう手助けできる最良の手段だ。そこで話し合うことはじっくりと考え、時間をかけて準備せよ。

「1on1」と「業績評価」のための
ビルのフレームワーク

職務に対するパフォーマンス

・売上数値など
・プロダクトの発売予定日、またはプロダクトの進捗目標など
・顧客からのフィードバック、またはプロダクトの品質など
・予算数値など

他部署との関係（これは会社の一体性と結束を保つカギである）

・プロダクト部門とエンジニアリング部門の関係はどうか？
・マーケティング部門とプロダクト部門の関係はどうか？
・セールス部門とエンジニアリング部門の関係はどうか？

マネジメントとリーダーシップ

・部下を指導、コーチできているか？
・出来の悪い社員を取り除いているか？
・採用に全力を尽くしているか？
・勇気ある行動を取るよう部下を駆り立てているか？

イノベーション

・つねに前進しているか、向上し続ける方法を考えているか？
・新しいテクノロジー、プロダクト、手法をつねに検討しているか？
・自分と業界トップや世界トップの人材を比較しているか？

円卓の「背後」に控える

エリックはグーグルでCEOの任期が終わりにさしかかったころ、幹部にありがちな問題に直面した。縄張り争いだ。

あるマネジャーが、自分のチームが担当するプロダクトのユーザー向けにモバイルアプリを開発しようとしたが、別のマネジャーが、それは自分のチームが開発すべきものだと主張した。数週間経ってもらちがあかず、最初は和やかだった話し合いもピリピリした空気になっていった。

エリックはチームがむずかしい決断を迫られたときは、いつも「二頭体制」と名づけた方法を採った。決定に最も深く関わる二人にさらに情報を集めさせ、二人で協力して最適なソリューションを考えさせるのだ。

二人はたいてい1、2週間後に「こうしたらいいと思う」という方針を決めて戻ってきた。そしてチームはほぼ必ず、二人の決定に従った。それが最善の策だということは、多くの場合、一目瞭然だったからだ。

二頭体制は最適解をもたらすだけでなく、同僚意識を高めるというメリットもある。問題に対処する二人に解決方法を決める権限を与えるのだが、これは仲裁を成功させるための鉄則である。(13) また対立を解決するために協力する習慣ができれば、その後も長いあいだにわたって連帯感を高める効果があり、意思決定によい影響をおよぼす※(14)。

ところが、このときはそうならなかった。二人の幹部は一歩も譲らなかった。

エリックがビルにアドバイスを求めると、彼はこう返した。

「『二人で決めろ、さもなければ私が決める』と言うんだ」

エリックは助言に従い、二人で決定するために1週間の猶予《ゆうよ》を与えた。彼らは合意に至らず、最後にエリックが介入して決定を下した。

コンセンサスは「クソくらえ」

ビルは決定を促すことがマネジャーの主な仕事の一つだと考え、そのための特別なフレームワークを持っていた。彼は民主主義を好まなかった（ビルが来る前のインテュイットではミーティングで採決していたが、ビルはそれをやめさせた）。

代わりに好んだのが、「即興コメディ」で使われるような手法だ。即興コメディでは芝

※ 対立解消に関する研究によると、「二頭体制」であれ何であれ、対立に対処するための標準的手順を設けることには、チーム全員の満足度を高め、実力を発揮させやすくする効果がある。

居が終わってしまわないように、キャスト全員が入れ替わり立ち替わり舞台に立ち、力を合わせてできるだけ長く芝居を続けなくてはならない。

ビルはそうした「アンサンブル」[※1]の状態を好み、駆け引きのない環境が保たれるよう、つねに気を配っていた。経営トップがすべての決定を下すようでは、その正反対の環境になってしまう。なぜなら部下は自分のアイデアをマネジャーに認めさせることに終始するからだ。そうした環境では、最適解ではなく、最高権力者へのロビイングに長けた者、言い換えれば政治が勝利を収める。

ビルはそれを毛嫌いした。コンセンサスではなく、最適解を得ることを重視した（「コンセンサスなんかクソくらえだ！」とよく怒鳴っていた）。

多くの学術研究が示す通り、コンセンサスをめざすと「グループシンク（集団浅慮）」に陥《おちい》り、意思決定の質が低下しがちなことを、彼は直感的に理解していた[15]。最適解を得るには、すべての意見とアイデアを俎上《そじょう》に載せ、グループ全体で話し合うのがいちばんだ。正直に問題を公開し、とりわけ不満が出ているような場合には、率直な意見を述べる機会を全員に与える。

その問題や決定が特定の業務機能（マーケティングや財務など）に関わるものであれば、その分野に精通した人に議論をリードさせるし、複数の部門にまたがる幅広い決定なら、チームリーダーを議論の「オーナー」にして責任を持たせる。いずれにせよ、全員の意見を吸い上げることが肝心だ。

全員に忌憚《きたん》のない意見を促すために、ビルはミーティングの前にメンバー一人ひとりと膝を交えて、彼らの胸の内を知ろうとした。おかげでビルは問題をさまざまな視点から捉えられたし、なにより全員が、自分の見解を述べる準備ができた状態でミーティングに臨むことができた。ビルと事前に話すことで、全体で議論を交わす前に自分の考えや意見をまとめる機会を得たのだ。会議室に来たときには全員がすでに自分の意見をじっくり考え、話し合い、発表できる状態にあった。

マリッサ・メイヤーの問題

メンバーが考えを発表し議論するうちに、場がヒートアップすることもある。ビルにコーチングを受けていたウーバーの元CBO（最高事業責任者）エミール・マイケルはこう言う。

「リーダーがパッシブアグレッシブ[※2]なムードを崩すことができれば、たとえ白熱しても率直な議論ができる」

※1（訳注）適材適所でリーダーたちが有機的に入れ替わり、適宜チームを率いていくこと。
※2（訳注）不満や怒りを直接表さずに、態度で暗に示すこと。

もしあなたのチームがうまくいっていて、自分ファーストより会社ファーストの姿勢があるなら、火花が散ったあとに最適解が生まれるだろう。

また議論に対するリーダーのスタンスも重要だ。２０１６年の研究によると、白熱した議論を、意見の「衝突（食い違い）」ではなく「討論」と呼ぶと、反論に寛容な雰囲気が生まれ、情報共有が促されるという[16]。

アンサンブルの姿勢を取るのがとくにむずかしいのが、意思決定を担うマネジャーが、何をすべきかをすでに知っているとき（または知っていると思い込んでいるとき）だ。

マリッサ・メイヤーはグーグルにいたころ、この問題を抱えていた。

ある日彼女はビルに、新しい方針を与えられた。チームと問題を話し合うとき、君はいつも最後に話すようにしろ。君は答えを知っているかもしれないし、それは正しいかもしれないが、答えをただ与えるだけでは、力を合わせるチャンスをチームから奪ってしまう。正しい答えにたどりつくのは大事だが、チームみんなでそこにたどりつくプロセスも同じくらい大事だ。

そんなわけでマリッサは、チームが問題を議論するあいだ、柄にもなく静かにすわっていた。不本意だったが、うまくいった。彼女はチームと彼らの問題対処能力を見直した。

マネジャーは「決着」をつけよ

最適解が生まれない場合、マネジャーは決定を促すか、みずから決定を下さなくてはならない。

「マネジャーの仕事は議論に決着をつけることと、部下をよりよい人間にすることだ」とビルは言った。『この方針で行くぞ。下らん議論はおしまいだ。以上』と宣言するんだ」

ビルはこのことを苦い経験から学んだ。アップルの幹部時代、決定を長引かせてしまい、事業に悪影響がおよぶという、正反対の状況に陥ったのだ。

「アップルはそのせいで低迷した。こっちの部門が何かをやり、あっちの部門がちがうことをやり、誰かがまた別のことをやりたがる。早く決断してくれと部下に迫られたが、私の担当はセールスとマーケティングで、Apple IIとマッキントッシュのプロダクトグループの議論に決着をつけられなかった。まさに泥沼で、何も進まなかった。あれは本当に堪《こた》えた」

決定を下さないのは、誤った決定を下すよりたちが悪いかもしれない。

ビジネスでは決定が下されないことがしょっちゅうある。そこには完璧な正解など存在しないからだ。

だが、まちがっていてもいいから、とにかく行動を起こせ、とビルは教えた。決定を導くための適切なプロセスがあることは、決定そのものと同じくらい重要だ。そうしたプロセスがあれば、チームは自信を持って前進し続けることができる。

アドビシステムズの元CEOで、ビルとクラリスで一緒に働いたブルース・チゼンは、これを「誠実な意思決定」と呼ぶ。すぐれたプロセスに従い、個人ではなく会社のためになることをつねに優先させて決定を下す、ということだ。自分たちにできる最善の決定を下し、前へ進め。

そして、リーダーはいったん重大な決定を下したら、それに全力で取り組み、ほかの全員にもそうするよう求めなくてはならない。

オンライン学習プラットフォーム、チェグのCEOダン・ローゼンスワイグは、前にこんな状況に陥った。重要な財務戦略についてCFO（最高財務責任者）と合意したのに、CFOはささいな問題を理由に、合意を取り消すと言ってきたのだ。ダンはビルに電話をかけて相談した。どうしたらいいのか？

ビルはCEO時代に似たような状況を経験したときのことを話した。ビルと経営陣はある戦略について合意したが、いざビルが取締役会でその戦略を発表すると、計画を受け入れていたはずのCFOが、ビルには賛成できないと言い放った。会議のあとビルは、もう戻ってくるなとCFOに言った。たとえ決定に不満があっても、合意したことには全力で取り組まなくてはならない。それができないなら、チームの一員じゃない。

これはブラッド・スミスがビルの後任としてインテュイットCEOに就任した際にビルから教わった、「アーサー王の円卓」型の意思決定モデルだ（ブラッドはこの話をしながら、オフィスの片隅に飾られた、「円卓の騎士」のミニチュア模型を見せてくれた）。

しっかり議論をすれば、10回のうち8回は、部下が自力で最適解にたどりつくだろう。だが残りの2回は君が苦渋の決断を下し、全員が従ってくれることを期待するしかない。円卓には上座がないが、その背後には玉座がなくてはならない。

円卓の「背後」に控える

マネジャーの仕事は、すべての意見を吸い上げ、すべての見解を検討するための意思決定プロセスを実行し、必要な場合にはみずから議論に決着をつけ、決定を下すことだ。

「第一原理」で人を導く

では、どうやってそのむずかしい決定を下すのか？　マネジャーがチームに意思決定をさせようとすれば、ありとあらゆる意見が飛び出すだろう。

そうした意見を一刀両断して問題の核心に迫れと、ビルはいつも私たちを促した。どんな状況にも、誰もが納得できる不変の真理が存在する。これがシリコンバレーでよく使われる用語・コンセプトである「第一原理（ファースト・プリンシプル）」だ。

第一原理はどんな会社にも、どんな状況にも存在する。意見には反論できても、通常、原理には反論できない。なぜならすでに全員がそれを受け入れているからだ。

ビルの言う通り、困難な決定を迫られたとき、そうした第一原理を全員に説明し、思い出させることがリーダーの役目だ。そうすれば、決定はずっと下しやすくなる。

マイク・マッキューはスタートアップのテルミー・ネットワークスを立ち上げ、2億5000万ドルの資金を調達してまもなく、ビルに紹介された。1999年、ドットコム・ブームの全盛期のことだ。

ビルはテルミーの取締役会やマイクのスタッフミーティングに参加し、テルミーと、マイクが次に立ち上げた会社フリップボードの重要な戦略決定の相談に乗った。数多くの決定を下す必要があったため、マイクは「第一原理をもとに決定しろ」というビルの助言を実行する機会がたびたびあった。

あるときAT&Tがテルミーに対し、ソフトウェアのライセンスを受ける対価として数千万ドルを提示してきた。当時テルミーは世界初のクラウドベースの音声認識プラットフォームを開発し、フェデックスやフィデリティ、アメリカン航空といった巨大企業に音声応答サービスを提供していた。

このオファーの問題点は、AT&Tがテルミーの競合プロダクトの開発を進めていたことにあった。じっさいこのオファーは、テルミーがクラウド音声認識ビジネスから完全に撤退することを条件としていた。

ああ、それからもう一つ。提携不成立の場合は、当時テルミーの最大の顧客でもあったAT&Tは、すべての取引を引き揚げるというのだ。

つねに第一原理に立ち戻る

この提携は大きな利益を生む可能性があり、またテルミーは資金を必要としていたため、経営陣には受け入れるべきだという声が根強かった。彼らはそれが最善の道だと本心から信じていた。

マイクはそう思わなかったが、ただ断ろうと言ったのでは、彼らを納得させられない。決定にはこぎつけても、チームを失うことになりかねない。

「みんな本当に優秀な人たちだった」とマイクは振り返る。「全員がすごい大学を出ていて弁が立つから、それはもういろんな意見が出た。僕は大学に行っていないし、あの集団を相手に議論に勝てるはずがなかった」（マイクは18歳で父を亡くし、家計を支えるために高卒で働き始めた）

またマイクはこのころまでにみずからCOO（最高執行責任者）に降格し、地域電話会社シンシナティ・ベルの元幹部ジョン・ラマッキアをCEOに迎えていた。そしてジョンは、AT&Tのオファーに乗り気だった。[※1]

そこでマイクはビルに電話をかけ、二人でテルミーのオフィスのそばを走る線路に沿って散歩した。

この決定にかかわる第一原理は何だろうと、マイクは考えた。

第1に、テルミーには成功している堅実なビジネスモデルがすでにあった。ソフトウェアのライセンシングという、新しいビジネスモデルに手を出すのは賢明だろうか？

第2に、テルミーには客観的に見て当時の市場で最高の、時代の先を行くすぐれたプロダクトがあった。AT&Tはそれよりすぐれたプロダクトを開発できるのか？ おそらく無理だろう。

マイクは経営陣を集め、これらの原理を説明した。原理が正しいことを全員が認めた。なにしろそれらはずっと前からテルミーを支えてきた礎《いしずえ》だったのだ。決定を下すまでもなかった。ミーティングは1時間と経たずに終了し、提携話は立ち消えになった。※2

マイクは2007年にマイクロソフトへのテルミーの売却交渉を行ったときも、同じアプローチを取った。彼は当時のマイクロソフトCEO、スティーブ・バルマーとじかに交渉していたが、別の敵対的買収者にマイクロソフトよりも高い価格を提示され、あわや交渉決裂の危機を迎えた。

マイクはビルと話し合い、テルミーの第一原理に立ち戻って考えた結果、マイクロソフトに買収されるのがテルミーにとって最善の道だと悟った。彼は会社をマイクロソフトに

※1 ジョンは2001年にテルミーのCEOに就任したが、その後2004年末に辞任、マイクがCEOに復帰した。
※2 AT&Tはその後競合プロダクト開発の優先順位を下げ、テルミーとの取引を4倍にまで増やした。そして2005年、AT&TはSBCコミュニケーションズに買収された。

売却したかったのだ。

そこで彼はワシントン州レドモンドに飛び、スティーブ・バルマーのオフィスに乗り込んだ。「結婚もしないうちから離婚することになるのかな?」とスティーブは聞いてきた。いや、とマイクは答え、テルミーをマイクロソフトに売却することがなぜ正しいかを、スティーブに説明した。それに、二人はすでに基本条件に合意していたので、マイクはなんとしてもそれを守りたかった(もう一つの第一原理:誠実であること)。

この瞬間からスティーブとマイクは、互いにビルの助言をたっぷり受けながら、契約締結に向けて力を合わせるパートナーとなった。第一原理に従えというビルのアドバイスがなければ、買収はけっして実現することはなかった。

「第一原理」で人を導く

その状況における「第一原理」、すなわち会社やプロダクトを支えている不変の真理を明らかにし、その原理をもとに決定を下せ。

「天才」とうまく付き合う

おそらくマネジャーが抱える最も厄介な問題の一つが、ケタはずれに有能だが、仕事がやりにくい社員、いわゆる「ディーバ」〔傲慢なスター〕の扱いだろう。私たちもハイテク業界で働くなかで、当然、こういう人たちをたくさん見てきた。

ビルはこのような人材をうまく扱うことが、経営者の大きな仕事の一つだと、かねがね言っていた。彼らを「規格外の天才」と呼び、こう言った。

「会社の差別化に大いに貢献してくれそうな、おかしなやつらが入ってくる。会社が混乱に陥らないように彼らをマネージするのが、君らの仕事だ。ほかの人と力を合わせられるようにするんだ。でなきゃ、お払い箱にするしかない。全員が協力し合う環境で働かせなくては」

でも、どうやって？　私たちは長年の試行錯誤を経て、またビルから山ほどのアドバイスを得ながら、そのやり方を学んだ。

彼らがパフォーマンスを発揮できるようサポートし、彼らとの争いに費やす時間を最小限に減らそう。その分のエネルギーを、彼らが問題行動を抑えられるようコーチすることに注ぎ込もう。これをうまくやった場合の見返りはすばらしいものだ。彼らの天才性を引き出しつつ、傲慢さを抑えることができるのだ。

「彼に必要なものはそろっている」と、あるときビルがジョナサンのチームの問題社員について、こんなことを書いてきた。「君は可能なかぎりのサポートをしたのだから、彼にはリーダーらしい行動を取ってもらわなくては。彼にはできるかぎりの自由を与えた。これ以上の言い争いは許されない」

私たちの経験から言うと、規格外の天才はとてつもない価値と生産性を実現する力を持っている。彼らはめざましいプロダクトやパフォーマンスの高いチームを生み出す。目端《めはし》が利く。いろいろな意味で、ただただすぐれている。

そして彼らは規格外の才能とパフォーマンスに見合う、特大のエゴと脆《もろ》さを持っている。同僚をだしにして個人的利益を得ようと画策することも多い。「自分が自分が」という態度が見え隠れし（または丸見えで）、同僚の恨みを買ったり邪魔になったりする。

バランスを取る技術が必要になるのはここだ。「規格外の行動」は、一つまちがえば「常軌を逸した行動」になる。どこまで許容するか、限度を超えるのはいつか？　どこで線引きをするのか？　倫理の一線を越える者を許してはならない。たとえばウソをつく、誠実さや倫理に欠けた行動を取る、同僚への嫌がらせやいじめをするなど。これらは明確に対処できるので、ある意味簡単なケースと言える。

むずかしいのは一線を越えない場合だ。彼らが自らの功績を帳消しにするほどのダメージをチームに与えているのかどうかを、どうやって判断すればいいのか。

正解などないが、危険信号に気をつけることはできる。そうした行動を取らないようにコーチすることはできるが、変化が見られない場合は、目をつぶってはいけない。

功罪の「両面」を分析する

規格外の天才はチームのコミュニケーションを阻害していないか？　人をさえぎったり、攻撃したり、非難したりしていないか？　発言しにくい空気をつくっていないか？

規格外の天才は経営陣の時間を食いすぎていないか？　彼らの行動がチームに許容できないほどのダメージを与えているかどうかは、判断がむずかしい。だがダメージコントロールに何時間もかけているようなら、それは行きすぎの危険信号だ。その時間の多くは言い争いに費やされ、建設的な結果につながることはほとんどない。

ビルはグーグルのあるマネジャーをコーチしていた際、そのマネジャーのチームの規格外の天才について、こんなふうに言い表した。

「あいつの肩を持つことなんかない」と彼は言った。「もちろん、グーグルを偉大にしている、あの才能はすごい。だがいい面だけを見て、悪い面に目をつぶるなんてできるか？あいつに一日18時間もかけるわけにはいかない！」

一日18時間は言いすぎにしても、そう外れてはいない。経営陣はダメージコントロールに途方もない時間を取られていた。彼は最終的にグーグルを辞めていった。※(17)

規格外の天才は、優先すべきことをわきまえているか？　おかしな行動が許されるのは、それが会社のためになる場合（または少なくともそう意図している場合）にかぎる。決して許されないのは、規格外の天才がチームより自分をつねに優先させることだ。

これはチームの中核業務に隣接する領域で生じがちな問題だ。天才はセールスであれ、プロダクトであれ、法務であれ、自分の職務で見事な活躍を見せる。だが報酬や注目、昇進といった領域になると、傲慢さが頭をもたげるのだ。

規格外の天才は自己アピールや自己宣伝がすぎないか？　ビル自身はメディアの注目を好まず、注目を求めすぎる人間には裏があると思っていた。宣伝は会社のためになるかぎりはかまわないし、じっさいそれはCEOの仕事の一部でもある。だがもしあなたがCEOで、経営陣の誰かがつねに注目を集めようとしていたなら、それは危険信号だ。

規格外の天才は、口ではチームの功績を称えつつ、スポットライトを独占しようとするかもしれない。これはチームの士気低下につながる。メンバーは気にしていないと言いながらも、チームの一人が手柄を独り占めし、残りの謙虚なメンバーの功績がないがしろにされるのを恨むようになるだろう。

注目を求めるのはナルシシズムの特徴の一つで、ナルシシストは（ほかの条件が同じなら）グループリーダーとして頭角を現しやすいことを、２００８年の研究は示している[18]。そう考えれば、注目を求めすぎるメンバーをリーダーに持つのは、それほど悪いことではないのかもしれない。とはいえ、リーダーはチームの成功よりスポットライトを浴びることに関心があるのだろうかと、チームメンバーが疑心暗鬼になるようなら問題だ。

「天才」とうまく付き合う

ハイパフォーマーだが扱いのむずかしい「規格外の天才」には寛容であれ。守ってやりさえすべきだ。

だがそれは、倫理に反する行動や人を傷つけるような行動を取らず、経営陣や同僚へのダメージを上回る価値をもたらすかぎりでのことだ。

※２０１７年の「ハーバード・ビジネス・レビュー」に掲載された、マンフレッド・F・R・ケッツ・ド・ブリースの論文によれば、ナルシシスト（規格外の天才の多くがそうだ）への対処法の一つが、直接対決をできるだけ避けることだ。「一日18時間」というのは、まさにその直接対決にかかる時間なのだ。

カネはカネだけの問題ではない

ビルは長年グーグルの報酬に関する問題について助言を与え、つねに気前よく支払うよう勧めた。ビルは報酬について見過ごされがちなことを理解していた。それは、報酬はお金だけの問題ではないということだ。

もちろん、どんな人もよい暮らしができるだけの公正な金額を支払われなくてはならない。大多数の人にとっては、報酬イコール金額だ。

だがそれがすべてではない。報酬は経済的価値だけでなく、感情的価値の問題でもある。報酬は会社が承認、敬意、地位を示すための手段であり、人々を会社の目標に強く結びつける効果がある。

人は誰もが真価を認められたい生き物だということを、ビルは理解していた。経済的に安泰な人も、例外ではない。

数千万ドル、数億ドルプレーヤーが、次の巨額の契約を得ようと奮闘するのはそういうわけだ。お金のためじゃない、愛のためなのだ。

カネはカネだけの問題ではない
高い報酬は愛と敬意の証であり、社員を会社の目標に強く結びつける。

プロダクトがすべてに優先する

ビルは1980年にジェイ・ウォルター・トンプソンを辞めてコダックに入社したとき、社内の「ウィルス」になったと、当時の同僚エリック・ジョンソンは言う。ビルは「ビル的考え方と新たな視点」をコダックに持ち込み、拡散させた。それは「コダックと取引先、消費者のために、自分は何ができるか?」という発想だ。

40歳未満の読者には理解しがたいだろうが、コダックが写真業界を事実上支配していた長い時代があった。当時はコダックのカメラ(初めて買ったカメラがインスタマチックだった人がいるかもしれない。私たちがそうだ!)を買い、コダックのフィルムを入れ、フィルムを撮り終えたら、コダックのラボに送って現像してもらっていた。

1976年にアメリカで使われたフィルムの90%、カメラの85%がコダック製だった。※(19)そんなわけで、ビルはロチェスターにやってきたとき、絶対的支配の世界に足を踏み入れたのだ。

しかし当時のコダックの最大のライバル、日本の富士フイルムが、コダックの世界覇権を脅《おびや》かそうとしていた。ビルがコダックに入社してまもなく、富士フイルムは高品質という触れ込みのフィルムを開発した。そしてそれはただの宣伝ではなく、フィルムは実際に質がよかった。感度が高く、少ない光量や速いシャッター速度でも画質を落とさずに撮影できた。

ある日ビルはマーケティング部門の同僚たちと、この新しい競合製品に関する問題を話し合っていたとき、こんな提案をした。研究所に行ってエンジニアと話してみないか？何か名案があるかもしれないぞ。

これはコダックでの仕事の進め方ではなかった。マーケティング担当がエンジニアに、それも研究所のエンジニアに話をしにいくことなど、決してなかった。

だがビルはそんなことは知らなかったし、気にも留めなかった。だからラボのある棟まで行って、挨拶してまわり、フジの新製品を超えるアイデアはないのかと、彼らに迫った。

コダックではこの挑戦がきっかけでフィルムの開発が始まり、やがてフジのフィルムよりも実質的にすぐれた「コダカラー200」として結実し、コダックの主力商品になった。マーケティング野郎のチームのお手柄だ！

スピードの「邪魔」を取り除く

ビルは広告・マーケティング畑からビジネスキャリアをスタートさせ、アップルに入社後はセールスのスキルをポートフォリオに加えた。だがテック業界で経験を積み、アップル、インテュイット、グーグルなどで要職を担ううちに、ビジネスにおける序列ではテクノロジーとプロダクトが最上位を占めるべきだという考えを持つようになった。

「会社の存在意義は、プロダクトのビジョンを実現することにこそある」と、あるカンファレンスでビルは言った。「それ以外の全要素――財務、セールス、マーケティングなどは、プロダクトを世に送り出し、成功させるためのものだ」

ビルがこの地にやってきた1980年代、これはシリコンバレーはもちろん、ほとんどの業界の流儀ではなかった。テクノロジストが企業を興したとしても、その後はセールス、マーケティング、財務、オペレーションなどの分野で経験を積んだプロ経営者が会社運営を担っていくというのが主流だった。そうした経営者や幹部たちはエンジニアのニーズな

※ この1年前の1975年に、コダックのエンジニア、スティーブ・サッソンが世界初のデジタルカメラを発明した。なのに同社はデジタル化の波に乗り損ね、37年後の2012年末に破産申請をした。

ど眼中になく、プロダクトを最優先させるという考えもなかった。

ビル自身もプロ経営者だったが、エンジニアに権限を与えることが何よりも大切だと考えるようになっていった。そしてつねづね、プロダクトチームこそ会社の中核だと言っていた。新しい機能やプロダクトを生み出すのは彼らなのだと。

プロダクトチームの目標は、つきつめればプロダクト・マーケット・フィット（PMF）を実現することにある——適切な市場に向いた適切なプロダクトを適切なタイミングで開発できたら、全速前進せよ。

アップストアの立ち上げに関わったアップルの幹部、エディー・キューによると、アップルの取締役会にストアのコンセプトを初めて説明したとき、経営全体におけるストアの重要性をいち早く理解したのはビルだったという。「そういうものがあってもいい」という程度の認識の取締役もいるなか、ビルはその莫大なポテンシャルをすばやく察知した。「ほかの取締役からはストアのしくみに関する質問が出たが、ビルは『どうしたらすばやくことを進められるか』という一点にこだわった」

これはビルの持論で、彼はいつも私たちを促していた——適切なプロダクトがあり、適切な市場に適切なタイミングで提供できるなら、可能なかぎり早く世に出せ。小さな問題やすぐに対応が必要なこともあるだろう。だがとにかくスピードが肝心だ。

つまり、財務やセールス、マーケティングのチームが、プロダクトチームに対してやるべきことを指図してはならない、ということだ。これらのチームはむしろ、顧客のどんな問題を解決する必要があるか、どんなビジネスチャンスがあるかといった情報提供に徹しなくてはならない。[※20] プロダクト・マーケット・フィットの「マーケット」に当たる部分だ。それ以外では脇に下がって、プロダクトチームに仕事をさせ、彼らのスピードを阻みそうなものを取り除いていくのだ。

ビルはよく言っていた。「なぜマーケティングが力を失ったのかって? それは、自分のファーストネームを忘れてしまったからだ――プロダクトという」

異端を受け入れよ

ビルが好んで語った物語に、インテュイットが銀行向けプロダクトに進出したときの話がある。このときインテュイットは、銀行業務に詳しいプロダクトマネジャーを数人採用した。ある日ビルが出たミーティングで、そのうちの一人が、こういう機能を開発してほ

※ ただし、プロダクトチームはイノベーションに取り組む際、こうした情報を出発点として扱うにとどめるべきだ。コンサルタントのトーマス・ウェデル＝ウェデルスボルグは「ハーバード・ビジネス・レビュー」(2017年1・2月号)に発表した論文で、問題のソリューションを追求するチームは、「問題設定が適切かどうか」を考えていないことが多いと指摘し、問題を捉え直し、新しく斬新なソリューションを導くための手法を7つ挙げている。

しいと言ってエンジニアにリストを見せた。

ビルはこの気の毒なプロダクトマネジャーに、今度インテュイットのエンジニアにほしい機能を指図するようなことをしたら、叩き出すぞと言った。君らがエンジニアに伝えるのは、消費者がどういう問題を抱えているのか、どういう人がプロダクトを使っているのかという、背景情報だ。そうすれば彼らは、君らが指図するプロダクトをはるかにしのぐソリューションを生み出してくれる。

といっても、エンジニアを放任して好き勝手させるということではない。むしろその逆で、プロダクトチームは最初からその他のチームと協力し、部門横断的なグループの一部として、問題解決や機会創出につながるような斬新なアイデアを推進する必要がある。

思い出してほしい、ビルはコダックでマーケティング担当ながら、エンジニアに問題解決の知恵を借りにいったのだ。肝心なのは、エンジニア（やプロダクトを生み出す人々）には力があり、それなりの自由を与えられる必要があるということだ。

アップルの取締役でノースロップ・グラマン元CEOのロン・シュガーは言う。

「アップルのような会社では、創造的思考の独立性、つまり同調にこだわらないことが強みになるのだと、ビルのおかげで理解できた。異端を受け入れなくてはならない」

ビルはインテュイットのCEO時代、エンジニアリング部門の幹部と毎週金曜にランチミーティングを行い、彼らが何に取り組んでいるか、何が彼らを阻んでいるかについて、ピザを食べながら2時間ほど話し合った。

ビルはテック系ではなかったが、技術オタクたちから話を聞き出すのがうまかった。経営幹部は、たとえエンジニアリング担当でなくても、エンジニアと話ができなくてはならない。オタクたちはCEOが毎週関心を払ってくれることを知っていた。ビルはそうやって、彼らに本領を発揮させたのだ。

プロダクトがすべてに優先する

会社の存在意義は、プロダクトのビジョンに命を吹き込むことだ。それ以外のすべての部門は、プロダクトのためにある。

去る者に敬意を払う

ビジネス界、とくにスタートアップとテクノロジーの世界では、解雇やレイオフ（一時解雇）は避けられない。ビルはこう考えていた。解雇は会社の失敗であって、解雇される側は悪くない。だから経営陣は、彼らに胸を張って辞めてもらわなくてはならない。辞めていく人たちを丁重に、敬意をもって扱い、解雇手当をたっぷりはずみ、彼らの功績を称える社内メモをまわすんだ。

ビルはその実際のやりとりをコーチすることもあった。ビルにキャリアを通じてコーチを受けたシシル・メヘロートラーは、あるとき自分の立ち上げたスタートアップで、エンジニアリング部門のリーダーを解雇することになった。エンジニアと話をする前にシシルはビルに会い、解雇を告げる方法を考え、会議室のどこに誰がすわるかといった詳細まで詰めた。ビルは、話し合いの冒頭で意志をはっきり伝えろと教えた。解雇の理由を説明し、根拠を与えろ。シシルが、彼にとって解雇は寝耳に水だろうと言うと、ビルは叱責した。「しくじったな、と言われた」とシシルは語る。「解雇は驚きであってはならないのだと」

ベン・ホロウィッツが著書『ＨＡＲＤ ＴＨＩＮＧＳ』（日経ＢＰ）のなかで説明するように、辞める人を手厚く扱うことは、会社に残るチームの士気と精神的安定を保つためにも大切だ。「レイオフされる人たちの多くは、あなたよりも会社に残る人たちと親しい関係にあるから、相応の敬意を払う必要がある。とはいえ、会社は前に進まなくてはならないから、謝りすぎないよう気をつけることも大切だ」

このことは研究で裏づけられている。レイオフされる従業員は、誰にレイオフされるのか、妥当な理由があるのかという点を気にする。レイオフを適切に行うことは、レイオフされた人と会社に残る人の両方によい影響があるのだ。(21)

解雇する(パフォーマンスの問題で辞めてもらう)相手にも、同様の敬意が必要だ。解雇は避けられないし、とてもつらいことだ。ビルもよく言っていた。

「誰かを解雇すると、その日は一日中やりきれない気持ちになる。それから、むしろもっと早く解雇すべきだったと後悔する。何度チャンスを与えてもダメなものはダメなんだ」

解雇というやりきれない仕事をしたことがある人なら、そのときのことを思い返して、ビルの言う通りだと思うだろう。それでも、彼らに胸を張って辞めてもらう必要がある。

ビルはあるとき、会社を辞めていく幹部のことでベン・ホロウィッツに言った。

「ベン、君は彼に仕事を続けさせることはできないが、自尊心を保たせることはまちがいなくできる(22)」

去る者に敬意を払う

誰かを辞めさせなくてはならないときは、手当をはずみ、手厚く扱い、功績に感謝せよ。

会議を仕切る

ちょっと想像してほしい。あなたはアップルの取締役会の一員だ。ときは2000年代末、カリフォルニア州クパチーノのアップル本社で財務情報を検討し、目を見張るような最新プロダクトを一足先に体験するという、長い一日を終えたところだ。疲れているが気分は高揚している。10年ほど前にはつぶれかかっていた会社が、ここまで復活するとは！

取締役や幹部たちと連れ立って、忙しい一日のあとでくつろいで楽しもうと、メンローパークの寿司屋「ミツノブ」にやってきた。個室に通され、大人数だから二つのテーブルに分かれてすわった。グラスワインを注文し、うまいサーモンの刺身をつつきながら、同席したお偉方とまじめな話をしている。

突然、向こうのテーブルの歓声が、落ち着いた雰囲気を破った。誰かが何かを大声で言い、どっと笑い声が上がる。

何だろうと目をやると、ビル・キャンベルがアル・ゴアにナプキンを投げ、アルが額に当たったナプキンを投げ返したところだった。ビルは話し続け、アルやテーブルの人たちはまた爆笑する。まるで親戚が集まる夕食会のようだ。あなたは大人たちに交じった子どもで、向こうのテーブルでは子どもたちがワイワイ楽しんでいる。自分もあっちにすわりたかったな、とあなたは思う。

ビル・キャンベルは楽しい人だった。取締役会後の落ち着いた（退屈な、とも言う）夕食会も、彼がいればどのテーブルも「子どものテーブル」になった。

ビルが正式な取締役を務めていたのはアップルを含む数社だったが、そのほかにも多くの企業の取締役会に非公式に参加し、またクラリス、GO、インテュイットのCEOとして取締役会を運営した経験も豊富だった。彼は取締役たちと楽しむ術《すべ》を心得ていたが、CEOが取締役たちと協力して取締役会を最大限に活用するための強力なノウハウも持っていた。

優秀で力のある取締役会は、会社にとってかけがえのない資産だが、無能な取締役会はただ時間を食うだけだ。取締役会をしっかり運営することはきわめて重要だ。また取締役会を運営するCEOでなくても、時間はないがエゴはありあまっている人たちと大きな会議を行うとき、ビルのやり方が大いに参考になる。

資料は絶対に「先」に共有する

ビルの取締役会の運営原則は、次の気づきが大前提となっていた——ＣＥＯが取締役と取締役会を取り仕切るのであって、その逆ではない。※(23) 取締役会が失敗するのは、ＣＥＯが自分の議題を持たないか、持っているのにそれに沿って会議を進めないときだ。

どんなときも、最初の議題は業務報告でなくてはならない。取締役会は会社の状態を把握している必要がある。財務と売上の報告、プロダクトの開発状況、業務状況（採用、コミュニケーション、マーケティング、サポートなどの業務）に関する指標などだ。

取締役会が委員会（監査、財務、報酬などを監督する委員会）を設置している場合は、（直接会うか電話やビデオ会議などで）事前に委員会を招集し、取締役会で最新状況を報告できるようにしておく。なにより、企業業績に関する率直でオープンで簡潔な対話を最優先する。

こうした報告については資料の大部分を、事前に取締役会のメンバーに送っておくといい。そうすれば取締役はそれらを検討し、最新情報を頭に入れた状態で会議に臨むことができる。取締役会でいきなり財務報告一式をスクリーンに延々と映し出せば、話題はそれに終始し、そもそも取締役会が注意を払う必要もない些末《さまつ》な問題を突っ込まれて、泥沼にはまりかねない。財務、業務情報はあらかじめ送付して、取締役たちが目を通し、質問を持って会議にやってくることを期待しよう。

「期待」するとは、口先だけでなく本気で期待するということだ。宿題をやらない者は取締役会に出る資格はない。

チェグのCEO、ダン・ローゼンスワイグによると、以前チェグの取締役に、毎回資料に目も通さずにやってきて、資料にあるはずの詳細を会議中にいちいち質問する者がいた。あるときの会議で、ダンはその取締役がみんなの時間をムダにしていると、彼に噛みついた。

その会議に出ていたビルは、そうかっかするな、あいつに資料一式を事前に送って、取締役会でどのページを取り上げるつもりか、会議までに何をしておくべきかをはっきり伝えておけばいいと諭した。

ダンはそうした。だが同じことだった。彼は準備もせずに参加し、もう知っていなくてはならないことを質問しまくって、大いに時間をムダにした。

すまん、私がまちがっていた、とビルは認めた。クビにしろ。

※「誰が主導権を握るか」は、取締役会の緊張の火種になりかねない問題だ。2003年のカリフォルニア大学バークレー校の研究者らの論文によれば、「CEOは自分のクビを守り、CEO職から得られるさまざまなメリットを増やすために、取締役会を『掌握』したいという動機を持っている。他方、取締役会には独立性を保ち、CEOを監視し、業績不振の場合はCEOをすげ替えたいという動機がある」。

ハイライトとローライトを含める

グーグルの取締役会では、ビルは業務報告に詳細な「ハイライト」と「ローライト」を含めるよう、いつもエリックに勧めた。「これがうまくいったことや満足できること」で、「これがあまりうまくいかなかったこと」だという報告だ。

ハイライトをまとめるのはいつでもわけなくできる。チームは成功事例を見栄《みば》えよく見せ、取締役会にアピールするのが大好きだからだ。だがローライトはそういうわけにはいかない。思い通りにいっていない分野を率直に認めさせるには、多少の促しが必要な場合がある。

じっさいエリックは、率直さが足りないという理由で、ローライトの草稿を突き返すことがよくあった。エリックは取締役会がよい知らせと悪い知らせの両方を知ることができるように、偽りのないローライトを含めるよう努めた。

信頼性の高い真のローライトを作成するには、収益成長やプロダクトの限界、従業員の離職、イノベーションの停滞などに関する率直な報告を含める必要がある。

2002年の「ハーバード・ビジネス・レビュー」の論文によれば、「敬意と信頼、率直さの好循環」が、「すぐれた取締役会を有効に機能させる」カギの一つだという。(24) こうした率直な姿勢を通して、透明性が高く誠実な雰囲気が取締役会に醸成され、やがてそれが会社全体に浸透するのだ。

取締役会に対して正直な会社は、みずからに対しても正直だ。悪い知らせを正直に公表してもかまわないどころか、そうすることを社員は期待されている。

何がローライトかを判断するのは重要な仕事なので、財務やコミュニケーションを担うサポート部門にまかせきりにせず、実際にその事業を運営する責任者が行うべきだ。グーグルではプロダクトマネジャーがこの任に当たった。

ただし……私たちは会合に先立って取締役に送付する資料一式には、ハイライトとローライトは含めていない。それをやったら取締役たちはローライトに気を取られすぎて、会議でいきなりそこを突いてくるからだ。

取締役にふさわしいのはどんな人か？　会社のことを心から気にかけ、聡明で、事業に関する専門的知見を持ち、ＣＥＯに協力し支援したいと本心から思っている人物だ。

ディック・コストロがツイッターのＣＥＯに就任したとき、取締役会のメンバーは彼のほか数人のベンチャーキャピタリストと創業メンバーだけだった。ディックはビルの助けを借りてそれを変え、事業運営の実務に精通した人たちを取締役会に迎え入れた。ビルは、頼りにできる実務家がいたほうがいいと勧めたのだ。

ビルは悪い取締役についても具体的なイメージを持っていた。
「それは、ただふらっと来て、自分がいちばん賢いと見せようとして喋りすぎるやつだ」

会議を仕切る

CEOが取締役会を取り仕切るのであって、その逆ではない。

ビルがグーグルなど多くの企業でコーチとして果たした役割と、そうしたユニークな役割を通じて大きな影響を与えた方法については、これからの章でさらに説明する。だが彼は経営者としても、並外れた才能を持っていた。彼はカレッジフットボールのコーチから、5年も経たずにフォーチュン500社企業の上級幹部になった男なのだ。彼はとんでもなく優秀な経営者だった。その成功のカギとなったのが、まさにこの章で説明してきた原則だ。すなわち、オペレーショナル・エクセレンス（現場の業務遂行力の卓越性）、ピープル・ファースト、決断力、すぐれたコミュニケーション、最も厄介な人材から最大限の力を引き出す、優れたプロダクトへのこだわり、解雇する人を手厚く扱うという原則である。

Chapter

3

「信頼」の非凡な影響力

「心理的安全性」が潜在能力を引き出す

ビル・キャンベルがインテュイットのCEOだったとき、ある四半期に業績が低迷して、収益・利益目標の達成が危うくなった。対策を話し合うために取締役会が招集されたが、「短期の財務目標が未達でも仕方がない。将来への投資のほうが会社にとって大事だ」という意見が多かった。

短期目標は長期的成長ほど重要ではない、投資を抑制すれば長期的な成長力が失われるというのだ。ビルは反対だった。スリム化を図ってでも数字を達成したい、それが自分たちのめざす文化だと、彼は説明した。重要なのは短期目標の達成ではない、オペレーショナル・エクセレンスが少しでも欠けた状態を許さない文化を醸成することだ。株主のためだけでなく、チームや顧客のためにも、結果を出すのが経営陣の仕事だ。

取締役会は、長期的視野に立って投資を行うべきだと主張したが、ビルは業務運営の強力な規律を植えつけることもまた、長期的成功への投資になることを知っていた。

議論は次第に寛容な取締役会とフットボールコーチ出身の厳格なCEOとの異例な対立という様相を呈しはじめた。取締役が一人また一人と発言するうちに、経営危機にあっても支出を抑制せず、長期投資を行うべきだという意見が大勢になった。

取締役会とCEOの意見は衝突した。最後に取締役の一員で投資家のジョン・ドーアが意見を言う番になった。

「そうだな」と彼は言った。「僕らはコーチを支持すべきだと思う」

自分がビル・キャンベルの信頼を得たのはこの瞬間だったと、ジョンは言う。

「取締役会は正しかったのかもしれない」とジョンは話してくれた。「でも本当の正解は、CEOを支えることじゃないかな?」

議論の内容はどうでもよかった。ビルがそこまで強く望むのなら、ビルに賭けてみようとジョンは心を決めた。彼を信頼していたからだ。

信頼は「きれいごと」ではない

人間関係――友人、恋愛、家族、仕事上の関係――における最も重要な要素は、おそらく信頼だろう。ビル・キャンベルにとっては、まさにそうだった。

ビルは信頼できない相手とは付き合わなかった。だがもしビルが誰かを信頼し、相手も信頼を返せば、信頼が二人の関係のすべての基盤になった。

もちろんどんな人間関係でも信頼は大切だが、仕事上の関係ではほとんどの場合、信頼は個人の価値観の追求やギブアンドテイクといったさまざまな考え方の一つのように見なされている。

だがビルにとって、信頼はつねに最優先かつ最重要の価値観だった。それは彼のスーパーパワーのようなものだった。彼は信頼を築く達人であり、一度築いた信頼を大切に育む達人でもあった。ビルはグーグルのアラン・ユースタスとすごした最期の日々にこう言った。「わかるだろう、君のためなら何でもするって」。彼は本気だった。二人の信頼がそう言わせたのだ。

信頼とは多面的な概念だが、ここで言う「信頼」にはどういう意味があるのか？　ある学術論文は、信頼を「相手の行動へのポジティブな期待に基づいて、進んで自分の脆さを受け入れようとする心理的状態」と定義する。[1]

長々しい学術的な定義だが、要は信頼している相手には安心して自分の弱さを見せられる、ということだ。私たちがビルの信頼について話すとき、それには次のような意味がある。

信頼とは「約束を守ること」だ。ビルに何かをすると言ったら、それは守らなくてはならない。ビルも同じだ。彼はいつでも約束を守った。

信頼とは「誠意」だ。お互いに対し、またお互いの家族や友人、チームや会社に対し、誠意を尽くすことをいう。スティーブ・ジョブズが1985年にアップルを追放されたとき、ビルは彼を会社にとどめようとした数少ない幹部の一人だった。スティーブはビルが示した誠意をかたときも忘れず、それをもとに二人は固い友情と仕事上の関係を築いた。

信頼とは「率直さ」だ。ビルはつねに率直で、相手にもそうあることを期待した。信頼とは、相手が約束したことを実現できる才能やスキル、勤勉さなどを持っていると信じられる能力でもある。

信頼とは「思慮深さ」だ。エリックがグーグルのCEOだったとき、経営陣の一人が重病と診断された（いまは完治している）が、エリックをはじめほかのメンバーにはそのことを伏せていた。唯一知らされたビルは、誰にも口外しなかった。

エリックは後になってそれを知ったが、ビルが教えてくれなかったことを悪く思わず、むしろ彼への信頼を厚くした。ビルはエリックからも秘密を守ることができたからこそ、チームの誰もが彼に心を許すことができたのだ。

これはコーチの重要な資質である。コーチは何が起こっているかをつねに把握している必要があり、コーチする相手からはプライバシーを尊重してくれる存在と見なされていなくてはならない。

「建設的」な意見の不一致

信頼がビジネスの成功の基盤だという考えは、いまさら言われるまでもない、ありきたりなお題目のように聞こえるかもしれない。だがこのことはこんにちの多くのビジネス書から欠落しているし、現に私たちが前著『How Google Works』のリサーチや執筆を行ったときも、グーグルの成功要因として一度も挙がらなかった。

だからビルの教えを受けた数十人の成功したビジネスパーソンに話を聞いたとき、「信頼」という言葉が繰り返し出てきたことに少し驚いたものだ。グーグルとアットホーム(@Home)の元幹部で、彼自身熟達したコーチであるディーン・ギルバートはこう語る。

「ビルは信頼の網の目をすばやく築いた。ごくあたりまえのようにして、信頼関係と安心感、守られているという感覚を築く才能を持っていた。それはどんなビジネスコーチングにも欠かせないことだ」

サン・マイクロシステムズの共同創業者でコースラ・ベンチャーズ創業者のビノッド・コースラは、「ビルと僕は意見が合うときも合わないときも、信頼をもとに関係を深めた」と言う。

これは重要なことだ。信頼とは、つねに意見が合うということではない。むしろ、信頼している相手には異を唱えやすいのだ。この二人のほかにも、ビルと仕事をした人たちから同じような話を数え切れないほど聞いた――ビルは信頼できる。彼の成功の原点はここにある。

ビルが本能的に理解していたことは、多くの学術研究によって裏づけられている――信頼はただ大切というだけでなく、実り多い人間関係を築くために、何よりも先に生み出さなくてはならないものだ。

信頼はあらゆる関係の基盤である。たびたび引用されるコーネル大学の2000年の論文は、チームにおける「課題葛藤」(決定に関する意見の不一致)と「関係葛藤」(感情の行きちがい)の相関関係を論じている。

課題葛藤は健全なものであり、最善の決定を導くために必要だが、課題葛藤が高まると、まずい意思決定や士気低下を招きかねない関係葛藤も高まる傾向にある。

ではどうすればいいのか？　まず信頼を築け、と論文は結論づけている。信頼関係のあるチームにも意見の相違は生じるが、感情的なしこりは少ない[2]。

ほとんどのビジネスパーソンは、会うとすぐ用件に入る。なにしろやることがたくさんあるのだ！　これはとくにテック業界に目立つ傾向だ。テクノロジストはEQ（心の知能指数）が高いとか、社交スキルに長けている、なんて話は聞いたことがない。テック業界の流儀は、「まずはおまえの賢さを証明しろ、そうすればお前を（少なくともお前の知性を）信用してやってもいい」というものだ。

ビルはそれとは異なる、もっと気長な方法を取った。誰かと付き合い始めるときには、経歴やスキル、能力以外の部分を知ろうとした。シシル・メヘロートラーはこう語る。

「ビルは野心的なテクノロジストたちと付き合っていたが、彼らとは世界の捉え方がまったくちがった。……彼はこの世界を、お互いの強みと弱みを知ったうえで信頼し合い、協力して目標を達成しようとする人々のネットワークと見なしていた」

「心理的安全性」が高いチームをつくる

信頼は一流のスポーツコーチにとっても重要なテーマだ（ビル自身、2012年にスタンフォード・フットボール部の名誉キャプテンとして試合に招待された際、試合前に信頼をテーマに講演を行った）。

ボストン・セルティックスのコーチと球団役員幹部として、チームを30年間で（8連覇を含む）16回のNBA優勝に導いたレッド・アワーバックは、信頼の大切さを簡単な言葉で表している。

「選手は私をだまさない。私が彼らをだまさないからだ(3)」

こうした信頼関係が選手たちを安心させ、やる気を引き出すのだと彼は信じていた。

「球団の幹部が誠実で、組織の誰の言葉も信頼できるような環境があれば、選手は安心する。選手は安心すると、ここを離れたくなくなる。ここを離れたくなければ、チームに居続けるためにフィールドで全力を尽くそうとするだろう」

信頼を確立することは、最近の言葉でいう、チームの「心理的安全性」を育むための主要な条件だ。

1999年のコーネル大学の研究によれば、チームの心理的安全性とは、「チームメンバーが、安心して対人リスクを取れるという共通認識を持っている状態であり……ありのままでいることに心地よさを感じられるようなチームの風土である(4)」。

まさに、私たちがビルと仕事をするときに感じていた気持ちだ。彼は私たちが恐れずにありのままの自分でいられるような関係をすばやく築いた。

グーグルが行った、チームを成功に導くカギに関する調査でも、もちろん心理的安全性が筆頭に挙がった。※

かくして、最高のチームは「補完的なスキルセットを持つ、性格の似通ったメンバーからなる」という一般通念の誤りが証明された。そうではなく、最高のチームとは「心理的安全性が最も高いチーム」なのだ。そしてその出発点となるのが、信頼である。

有意義な関係には信頼が欠かせないという考えは、まったくの正論だ。だが、エゴの肥大化した企業幹部たちのひしめく、生き馬の目を抜くような世界では、これは言うほど簡単なことではない（われらが主人公のビル・コーチ自身が、健全なエゴと一家言、そしてそれに見合う頑固さの持ち主だったことを考えればなおさらだ）。

ビルはどうやってこれを実践していたのか？

第1に、彼はコーチングを受け入れられる「コーチャブル」な人だけをコーチングした。ひとたび彼のテストにパスした相手に対しては、じっくりと耳を傾け、誠実に徹し、偉大なことを成し遂げられると信じ、誠意を尽くした。

※ この研究の詳細は、以下の記事でも紹介されている。Charles Duhigg, "What Google Learned from Its Quest to Build the Perfect Team," *New York Times*, February 25, 2016.

正直で謙虚な人材を見きわめる

2002年1月のある日、ジョナサンはマウンテンビューのグーグル本社に車で乗りつけた。あとは正式なオファーを受けて、グーグルの急成長中のプロダクト部門の責任者になるだけと信じて疑っていなかった。

もうこれで決まりだと思っていたのに、彼は到着すると殺風景な会議室に通され、そこでしゃがれ声の年配の男性に迎えられた。

ジョナサンがビルに会ったのはこのときが初めてだった。ジョナサンは彼が誰だかまったくわからず、少なくとも最初のうちは、彼がグーグルの採用面接の最終関門だということにすら気づかなかった。平気平気、とジョナサンは思っていた、僕は成功しているテック企業、アットホームの上級副社長という逸材だ。仕事はもらったぜ!

ビルは数分にも思えるほど長いあいだジョナサンを見つめ、それからアットホームの幹部と話をしたと言って、名前を挙げた。共同創業者のトム・ジャーモルク、初代CEOのウィリアム・ランドルフ・ハースト3世、そして投資家でグーグル取締役でもあるジョン・ドーア。みんな君のことを頭が切れて努力家だと言っている、とビルは告げた。ジョナサンは少し胸を張った。

「でもそんなことはどうでもいい」とビルは言い放った。「私が知りたいのはただ一つ。君はコーチングを受け入れられるか？」

ジョナサンは反射的に、そしてまずいことにこう答えた。「コーチによりますね」

まちがった答えだ。

「利口ぶるやつはコーチできない」ビルはぴしゃりと言った。

彼が面接をおしまいにして、立ち上がって出ていこうとしたその瞬間、ジョナサンはエリック・シュミットが誰かにコーチングを受けているらしいという話を思い出した。まずい、これがそのお方にちがいない。ジョナサンはお利口モードから平身低頭モードにすばやく切り替え、さっきの答え（答えにもなっていなかったが）を撤回《てっかい》し、どうか面接を続けてくださいと懇願した。

数分にも思えるほど長い時間が経ってから、ビルはまた腰を下ろし、自分は一緒に働く人を謙虚さで選んでいると言った。リーダーシップというのは自分だけの問題じゃない、会社とチームという、自分よりも大きなものに献身することだ。

すぐれたリーダーは時間をかけて成長する、そしてそのリーダーシップをつくりあげるのはチームだとビルは信じていた。リーダーにふさわしいのは好奇心旺盛で、新しいことを学ぶ意欲にあふれた人物だ。利口ぶった傲慢な野郎は願い下げだ。

コーチされるのに必要な資質

そしてビルは尋ねた。

「君はコーチから何を得たいのか?」

これは人生を変えるような瞬間に感じられた——そして実際そうだった。だがジョナサンは何と答えればいいのかわからなかった。

やっとのことで、またラッキーなことに、フットボールで言う起死回生の一投《ヘイルメリーパス》よろしく、ジョナサンの頭に言葉が浮かんだ。

それはNFLダラス・カウボーイズのコーチを29年間務め、チームを20シーズン連続勝ち越しと2度のスーパーボウル優勝に導いた名将、トム・ランドリーの名言だった。「コーチとは、自分がなれると思っている人物になれるように、聞きたくないことを聞かせ、見たくないものを見せてくれる人だ」。自分がコーチに求めるのはこれですと、ジョナサンはビルに言った。

この一言が効いた。ジョナサンは仕事を得たうえ、自分では必要と思っていなかったが、じつはひどく必要としていたコーチまで得ることができた。

コーチとの関係から最大の価値を引き出すには、教えられる側がコーチングを受け入れる姿勢でいなくてはならない。ビルのコーチングの根底には、人の価値は肩書きや職務ではなく、心の持ちようで決まる、という考えがあった。

彼の仕事は、人をよりよくすることだった――ただし、相手がコーチャブルな場合だけだ。そして、（ジョナサンはどうにかこうにか切り抜けたとはいえ）それはピンチのときにどこからともなく絶妙な名言を引っ張り出してくる能力などではとうてい測れない、さまざまな資質からなるものだ。

ビルが求めたコーチャブルな資質とは、「正直さ」と「謙虚さ」、「あきらめず努力を厭《いと》わない姿勢」、「つねに学ぼうとする意欲」である。

なぜ正直さと謙虚さが必要かといえば、コーチングの関係を成功させるには、ビジネス上の関係で一般に求められるよりも、はるかに赤裸々に自分の弱さをさらけだす必要があるからだ。

コーチは教える相手がどれだけ自己認識ができているかを知る必要がある。コーチは相手の強みと弱みを知るだけでなく、相手が自身の強みと弱みをどれだけ認識しているかを知らなくてはならないのだ。

彼らが率直に認識している部分はどこで、認識できていない部分はどこなのか？　彼らに自己認識を促し、見えていない欠点に気づかせるのが、コーチの仕事だ。人は自分の欠点について話したがらないからこそ、正直さと謙虚さが必要になる。自分自身とコーチに対して正直になり、自分が完璧でないことを自覚できるほど謙虚になれなければ、コーチとの関係を深めることはできない。

正直に弱点を認められるか？

謙虚さが重要な理由は、リーダーシップとは会社やチームという、自分より大きなものに献身することだと、ビルが考えていたからでもある。

最近では「奉仕型《サーバント》リーダーシップ」がもてはやされ、そうした姿勢が高い企業業績に直接結びつくという研究成果がある。※(5)ビルは流行りになるずっと前から、この考えを信奉し、実践していた。

コーチャブルな人とは、自分よりも大きなものの一部になれる人だ。巨大なエゴの持ち主であっても、重要な大義のために貢献することはできる。これこそ、ビルがグーグルでコーチングに打ち込んだ理由の一つだ。グーグルが世界に大きなインパクトを与え、一人ひとりの幹部の総和よりも、あらゆる点で大きなものになる可能性を秘めていることを、ビルは見抜いていたのだ。

正直で謙虚な人の反対は、ウソつきだ。

「ビルはウソつきにがまんがならなかった」と、スタンフォード大学の元学長で、ビルと多方面で親しく仕事をしたジョン・ヘネシーは言う。

ビルがウソつきを嫌ったのは、彼らが他人にだけでなく、自分にも不正直だからだ。コーチングを受け入れるには、まず何よりも自分に残酷なまでに正直にならなくてはならない。ヘネシーは言う。

「ウソつきは、コーチャブルではない。そういう輩《やから》は、そのうち自分の言葉を信じはじめる。自分のウソに合わせて真実を曲げるから、余計にたちが悪い」

ビルがウソにがまんがならなかったのは、フットボール時代の影響もあるのだろう。ヘネシーいわく、「フットボール場にデタラメが入り込む余地はない！」。

正直で謙虚な人材を見きわめる

コーチャブルな資質とは、正直さと謙虚さ、あきらめず努力を厭わない姿勢、つねに学ぼうとする意欲である。

※ サーバント・リーダーをCEOに持つテック企業はROA（総資産利益率）が相対的に高く、ナルシシストのCEOを持つ企業はROAが相対的に低いことが、2012年の研究によって示されている。

「フリーフォーム」で話を聞く

ビルはコーチングセッションで、いつでもじっくり耳を傾けてくれた。うわのそらでスマホのメールをチェックしたり、腕時計をちらっと見たり、窓の外に目をやったりすることは決してなかった。いつも全身全霊でそばにいてくれた。

最近では「いまここに存在する」ことや、「いまこの瞬間を生きる」ことの大切さが説かれる。そういう言葉がビル・コーチの口から出てきたことは一度もないと思うが、彼はつねにそれを実践していた。アル・ゴアはこう言う。

「いま向き合っている相手に細心の注意を払うことの大切さ。……相手に全神経を集中させ、じっくり耳を傾けることの大切さを〔ビルから〕学んだ。そうしてから、初めて本題に入る。順番があるんだ」

アラン・ユースタスは、ビルのこの手法を「自由回答式《フリーフォーム》リスニング」と呼ぶ。学術研究で「アクティブ・リスニング（積極的傾聴）」（1957年にはじめて使われた造語[6]）と呼ばれるものだ。

ビルはこれを実践する際、UCLAバスケットボールチームの名コーチ、ジョン・ウッデンのアドバイスに従った。ウッデンは人の話をきちんと聞かないことが、多くのリーダーに共通する特徴だと考え、「もっと耳を傾ければ誰もがいまよりずっと賢くなれる」と言った。「ただ言葉を聞きとるだけじゃない。相手が言いそうなことを先回りして考えたりせず、とにかく耳を傾けろ」と。(7)

ビルのリスニングは、たいてい山のような質問を伴った。ソクラテス式の対話だ。2016年の「ハーバード・ビジネス・レビュー」誌の論文によれば、こうした質問の姿勢は、すぐれた聞き手になるために欠かせないという。「発見や洞察を促すような質問をしょっちゅうする人は、最高の聞き手だと相手に思われる」(8)

「ビルに何をしろと指図されたことは一度もない」とベン・ホロウィッツは言う。「むしろ彼はどんどん質問を投げかけて、本当の問題に気づかせてくれた」

ベンはいま、ビルのテクニックから得た重要な学びを、投資先企業のCEOに対して生かしている。人はアドバイスを求めるとき、じつはただ認めてほしいと思っているだけのことが多い。

「CEOは、つねに答えを知る必要があると感じている」とベンは言う。「だから彼らはアドバイスを求めるとき、いつも質問を用意してくる。私はそれには答えないようにしている」

彼はむしろビルのように自分から多くの質問をして、相手の状況を多面的に理解しようとする。そうすることで、用意された質問（や答え）に囚われずに、問題の核心を明らかにすることができるのだ。

「ありきたり」の声かけでいい

じっくり耳を傾けると、さまざまな考えや視点を浮かび上がらせることができる。ジェリー・カプランは自分の興したスタートアップ、GOの物語『シリコンバレー・アドベンチャー』のなかで、経営陣が自社製品のコンピューティングシステムのアーキテクチャを、インテルベースからRISCベースのプロセッサに移行する決定を下したときのことを書いている（RISCとは「縮小命令セットコンピュータ」の意味で、こんにちのコンピュータやスマートフォンの大半がRISCベースである）。

GOのCEOはビルだったが、ジェリーによれば、この重要な戦略的決定は騒々しい経営会議で生まれた。ビルは問題を提起して（GOがマイクロソフトと競合するようになっていたため、「マイクロソフトの行かないところに行こうか？」と話を振った）、チームにベストなアイデアを出させた。

しばらく議論が続いてから、マイク・ホーマーという、ビルとアップルでも一緒だった（一生の友人にもなった）幹部が、プロセッサを変更したらどうかというアイデアを出し、GOの共同創業者でソフトウェア責任者のロバート・カーが、RISCプロセッサを使おうじゃないかと提案した。最初一同は騒然としたが、やがてこれが最良のアイデアであることが明らかになり、実行の決定を下すことができた。[9]

誰かの話に耳を傾けると、相手は大事にされていると感じる。スウェーデン・ルンド大学の2003年の研究によれば、従業員の話を聞く、声をかけるといった「ありきたりの何でもないこと」が、すぐれたリーダーシップの重要な側面だという。そうした行動は従業員に「自分は尊重されていて、目に見えない名もなき存在ではなく、チームワークの一端を担っていると感じ」させることができるからだ。[10]

また2016年の研究は、自由回答式の質問をして返答にじっくり耳を傾ける話し方、つまりリーダーの「敬意のこもった問いかけ」に効果があるのは、相手の「有能感」（自分は試されていて、それに応えることができるという感覚）、「関係性」（他者とつながっているという感覚）、「自立性」（自分が状況をコントロールし、選択しているという感覚）を高めるからだという。これら3要素は、エドワード・L・デシとリチャード・M・ライアンの提唱する「モチベーションの自己決定理論」の3要素とも一致する。[11]

グーグルの初期からの幹部、サラー・カマンガーも言う。

「ビルといると気分が高揚した。何を議論していても、話をしっかり聞いてもらい、理解され、支えられていると感じた※」

「フリーフォーム」で話を聞く

相手に全神経を集中させ、じっくり耳を傾け、相手が言いそうなことを先まわりして考えず、質問を通して問題の核心に迫れ。

「完全な率直さ」を身につける

ある日ビルは、チェグのダン・ローゼンスワイグのオフィスにやってきた。ダンは取締役会で威勢のいいプレゼンをしたばかりだった。一度はつぶれかかったチェグも、いまはずっと安定した状態にあり、成長してはいないが、少なくとも不調ではなかった。ダンと経営陣はお祭り気分だった。

ビルは20世紀前半に会計士が目の負担を減らすためにかけていたような、おかしな緑色のサンバイザーをかぶって入ってきた。職場を歩き、人々に挨拶してまわり、最後にダンのところに来た。

「おめでとう」と彼は言った。「君は会社を救った。いまやシリコンバレー一成功した、ゼロ成長CEOじゃないか！　会計士は満足かもしれないが、それだけのことだ。君はそんなことのためにここにいるんじゃないだろう？」

そう言ってダンをハグし、サンバイザーを投げつけた。ダンはその瞬間、自分が問題を一つしか解決できていないことを悟った。

それはたしかに大きな問題ではあったが、ビルの言う通りだ。ダンはただ会社を救うだけでなく、成長させたかった。顔をひっぱたかれるようにして真実を突きつけられたが、まさにこれからが本番だった。

ビルはいつも100%正直で（ありのままを話した）、率直だった（厳しいことを臆せず伝えた）。真っ正直という言葉がふさわしい人だった。グーグル取締役でアマゾンの元幹部ラム・シュリラムもこう言う。「ビルはいつも開けっぴろげで、隠し立てをしなかった。彼が言うことと本当のことのあいだに隔《へだ》たりはなく、つねに一致していた」

※　サラーはグーグルで主力プロダクト「アドワーズ」の開発などすばらしい業績を挙げ、その後ユーチューブのCEOを務めた。

インテュイット共同創業者のスコット・クックも語る。「正直で偽りのないフィードバックを与えることの大切さを、ビルに教わったよ。相手の尊厳を守り、誠意を大切にしながらも、パフォーマンスに対する厳しい評価を与えることはできるのだと」

ビルの率直さに効果があったのは、自分たちのためを思って言ってくれていることが私たちにはわかっていたからだ。元グーグラーで『GREAT BOSS シリコンバレー式ずけずけ言う力』（東洋経済新報社）の著者キム・スコットは、すぐれたボスになるために必要なのは「相手を大切に思っていることをわかってもらえるようなかたちで本音を伝える」ことだと言う[12]。

ダン・ローゼンスワイグのエピソードでは、ビルはユーモアをもってこれを実践した。厳しいメッセージ（ゼロ成長のCEO）を、おかしな小道具（緑のサンバイザー）で伝えたのだ。そんなもの、よっぽど相手を大切に思っていなければかぶれない！

フィードバックは「瞬間」を捉える

率直なフィードバックのカギは、待たないことだ。

「コーチは瞬間を捉えてコーチする」とスコット・クックは言う。「そのほうが的を射た、偽りのないフィードバックを与えられるからだ。だがそれを尻込みするリーダーが多い」

郵便はがき

料金受取人払郵便

渋谷局承認

6009

差出有効期間
2020年12月
31日まで
※切手を貼らずに
お出しください

150-8790

130

〈受取人〉
東京都渋谷区
神宮前 6-12-17
株式会社ダイヤモンド社
「愛読者係」行

フリガナ		生年月日				男・女
お名前		T S H	年	月	日生	
			年齢		歳	
ご勤務先 学校名		所属・役職 学部・学年				
ご住所（自宅・勤務先）	〒 ●電話　（　　）　●FAX　（　　） ●eメール・アドレス （　　）					

◆本書をご購入いただきまして、誠にありがとうございます。

本ハガキで取得させていただきますお客様の個人情報は、以下のガイドラインに基づいて、厳重に取り扱います。

1, お客様より収集させていただいた個人情報は、より良い出版物、製品、サービスをつくるために編集の参考にさせていただきます。
2, お客様より収集させていただいた個人情報は、厳重に管理いたします。
3, お客様より収集させていただいた個人情報は、お客様の承諾を得た範囲を超えて使用いたしません。
4, お客様より収集させていただいた個人情報は、お客様の許可なく当社、当社関連会社以外の第三者に開示することはありません。
5, お客様から収集させていただいた情報を統計化した情報（購読者の平均年齢など）を第三者に開示することがあります。
6, お客様から収集させていただいた個人情報は、当社の新商品・サービス等のご案内に利用させていただきます。
7, メールによる情報、雑誌・書籍・サービスのご案内などは、お客様のご要請があればすみやかに中止いたします。

◆ダイヤモンド社より、弊社および関連会社・広告主からのご案内を送付することがあります。不要の場合は右の□に×をしてください。　不要 □

本書をお買い上げいただいた理由は？
（新聞や雑誌で知って・タイトルにひかれて・著者や内容に興味がある　など）

本書についての感想、ご意見などをお聞かせください
（よかったところ、悪かったところ・タイトル・著者・カバーデザイン・価格　など）

③本書のなかで一番よかったところ、心に残ったひと言など

④最近読んで、よかった本・雑誌・記事・HPなどを教えてください

⑤「こんな本があったら絶対に買う」というものがありましたら（解決したい悩みや、解消したい問題など）

⑥あなたのご意見・ご感想を、広告などの書籍のPRに使用してもよろしいですか？

1　実名で可　　2　匿名で可　　3　不可

※ご協力ありがとうございました。

【1兆ドルコーチ】107249●3110

多くのリーダーはフィードバックを人事考課のときまで待つが、それでは足りないし遅すぎる。ビルは決定的瞬間（またはその直後）に、その問題に的を絞ったフィードバックを与え、それから必ず満面の笑みとハグを与えて心の痛みを和らげた。

また批判的なフィードバックについては、人目のないところで与えることにも気を配った。グーグルクラウドCEOでVMウェアの元CEOダイアン・グリーンは、インテュイットの取締役としてビルと仕事をしたとき、誰かに人前で恥をかかせてはいけないと教わった。

「誰かの言動に腹が立ってイライラしたら、いつも一歩下がって、彼らがうまくやっていることやよい面を無理にでも考えるようにしている。必ず何かしら見つかるから、人前にいるときはそれをほめる。建設的なフィードバックはできるだけ早く与えるよう心がけているけれど、相手が安全だと感じているときだけにする。自分は安全で支えられていると相手が感じていることを確認してから、『ところで』と言ってフィードバックを与える。この方法はビルに学んだ。彼はいつも相手の力になる方法でこれを行っていた」

「真っ正面」から向き合う

パット・ギャラガーは、サンフランシスコ・ジャイアンツのフロントで長年幹部を務めた。彼が辞めたとたん、ジャイアンツは美しいAT&Tパークに本拠地を移し、ワールドシリーズを3回制覇した。パットはビルの隣人で親友だったが、ビルの伝説的な率直さの餌食《えじき》になることもあった。

「君はアメリカ最悪の球場（あの残念な旧本拠地キャンドルスティック・パーク）のしみったれたチームのマーケティング担当だ」とビルはパットに言った（そのときパットは安全と感じられる場所にいたにちがいない！）。「せめて顧客体験の向上に全力を尽くさないとな！　君らにできるのは、せいぜいそれくらいのことだろう」

ジェシー・ロジャースからも同じような話を聞いた。ジェシーは子どもをセイクリッド・ハート・スクールに通わせていた関係でビルと親しくなり、仕事を辞めて友人と起業するかどうか迷っていたときに、ビルのコーチングを受けた。

ビルと話し合いを重ねた結果、思いきってやってみることにした。数週間後、新しいオフィスで開業準備を進めながら、ジェシーはオルタモント・キャピタルのできたてのウェブサイトのリンクをビルに送った。

数分後に電話が鳴った。当然、背中をポンと叩くような、優しい祝福の言葉をもらえるものと思って受話器を取ると、「君んとこのウェブサイトはクソだ！」という、ビルの怒鳴り声が響いてきた。さらに、そのウェブサイトがいかにお粗末かという罵倒が数分続いた。

「ここはシリコンバレーだぞ、こんなクソみたいなウェブサイトで成功できると思ってるのか！」

ジェシーがやっと口を挟むことができたのは、優に1、2分は経ってからだった。

「相手と正面から向き合い、もっとできるだろうと挑むのが、ビルの自然な状態だ」とジェシーは言う。「ビルのすごいところは、ネガティブなフィードバックを与えるとき、攻撃的で容赦のないところだ※」

ビルは子どもに対しても率直だった。ジョナサンの娘ハンナは、カレッジサッカーで活躍するのが幼いころからの夢だった。アメリカでは、そのためには1部リーグ（ディビジョンI）の大学に進学しなくてはならない。

ビルはハンナのプレーを見学してから、彼女に言った。もちろん君は1部リーグの大学のチームに入れるだろうし、何かのプログラムにだって選ばれるかもしれない。だが3部リーグの大学に入って、すばらしい教育を受けながら、スター選手として活躍することもできるぞ。

※　インタビューはビルが亡くなってから行われたのに、ジェシーのようにビルのことを現在形で語る人が何人もいた。また多くの人が、いまもビルのことを考えており、何かを決めるときはいつも「ビルなら何と言うだろう」と考える、と語った。

ハンナはしょげたが、コーチが正しいことはわかっていた。彼女はセントルイス・ワシントン大学工学部に進み、3年時に全米大学体育協会3部リーグ優勝に貢献し、スカラー・オールアメリカ・アワードを受賞した。

「率直さ＋思いやり」の方程式

もちろん、ビルのことだから、率直さを口汚い言葉で表すこともあった。

メイソン・ランドールは、ビルがコーチをしていたセイクリッド・ハート・スクールで、8年生（中学2年生）のフラッグフットボール・チームのクォーターバックを務めたスター選手だ。

ある日、宿敵メンローとの対戦で、メイソンのパスがインターセプトされ、それもあってチームは負けてしまった。メイソンがうなだれ、しょげかえってフィールドを出ようとしていると、ビルが隣にやってきた。彼は人差し指を口に入れ、ポンッと引き抜いて言った。

「メイソン！　この音はなんだ？」

「僕のケツから頭を引っ張り出す音？※」と、メイソンはビルの口癖をまねていった。

「そうだ。胸を張れ！　君が負けたんじゃない、チームが負けたんだ」

私たち自身も経験したことだが、不思議なことに、ビルの率直な言葉はどんなに痛烈であっても元気をくれた。これは意外な感じもする。ひどいヘマを指摘されたら、誰だって落ち込んでしまう。だがビルの口から出てくれれば別だった。

「率直さ＋思いやり」の方程式には効果があるのだ！　私たちが向上できるようにビルが尻を蹴飛ばしてくれているのだという信頼がそこにはあった。ビノッド・コースラも言う。「胸の内を言わない人が多いなか、ビルはいつも自分の考えをそのまま口に出した。でもビルは、たとえ痛手を与えても発奮させるような方法でそれをやった！　あれはたぐいまれな才能だよ」

クラリスで業務責任者を務めたデイブ・キンザーに聞いた話だが、あるときビルはクラリスの幹部の油を絞ろうとした。ビルは幹部に「タマ蹴り」を食らわす前に、デイブのところにきて、これからこういうことをするから、あとでその幹部に声をかけてくれるかと頼んだ。心の支えになってやってほしいというのだ。

しばらくしてデイブがその幹部のオフィスを訪れると、驚いたことに彼は興奮し、意気揚々としていた。ビルに厳しいことを言われたのに、かえって元気づけられていたのだ。デイブはビルにそれを報告し、自信を取り戻させたことに礼を言われたが、そもそも幹部

※（訳注）「自分のことだけに囚われずに周りに目を向ける」ということ。

は何の痛手も受けていなかった!

「完全な率直さ」を身につける

フィードバックは徹底的に正直で率直に、そしてできるかぎり早く与えよ。

ネガティブなフィードバックは人目のないところで与えよ。

「すべきこと」を指図するな

ビルは質問をし、耳を傾け、尻を蹴飛ばしてから、ほとんどの場合、何をすべきかを指図しなかった。ビルは、マネジャーはこうしろああしろと頭ごなしに言うもんじゃないと考えていた。何をするかを指図するな、なぜそれをやるべきかという物語を語れ。

「僕はかつて、成功体験を語り、その方法をみんなに伝授していた」とダン・ローゼンスワイグは言う。「だがビルは、物語を語れとコーチしてくれた。人は物語を理解すれば、それを自分の身に置き換えて考え、何をすべきかを悟る。心から納得させるんだ。フットボールのランニングバックみたいなものだ。どのルートを走れなんて指示しない。どこに穴があるか、どのスキームで行くかだけ伝えて、あとは自分で考えさせる」

ジョナサンは、ビルからこれを試験のように課せられることがよくあった。ビルは物語を語り、ジョナサンに持ち帰って考えさせるのだ。そして次のセッションでビルは、ジョナサンがそれを消化し、物語の教訓や伝えたかったことを理解したかどうかを確かめた。

ユーチューブ共同創業者のチャド・ハーリーも同じ経験をした。「まるで友だちとオールド・プロ（ビルが共同経営していたパロアルトのスポーツバー）にいるみたいだった」とチャドは言う。「ビルは自分に起こったできごとを語る。説教ではなく、ただ自然体で話してくれた」

ビルは相手にも同じ率直さを期待した。インテュイットのセールス・オペレーション責任者としてビルと働いたアラン・グレイシャーは、ビルとうまくやっていく方法を簡潔に要約する。「ごまかすな。聞かれたことに答えられなくても、適当にはぐらかすな。わからないと言うんだ！」

ビルにとって正直さと誠実さは、ただ約束を守り、ありのままを話すというだけのことではなかった。歯に衣着せずに言うことでもあった。これは効果的なコーチングに欠かせないことだ。すぐれたコーチは言いにくいことを胸にしまいこんだりしない――むしろズバリと切り込む。痛いところを突いてくるのだ。

「人当たりの悪いギバー」になる

耳を傾け、正直なフィードバックを与え、相手にも率直であることを求めるビルの手法を、学者は「関係の透明性」と呼ぶ。これは「偽りのない《オーセンティック》リーダーシップ」の柱をなす特徴だ。[13]

ペンシルベニア大学ウォートンスクール教授のアダム・グラントは、このような人たちを「人当たりの悪いギバー」と呼ぶ。彼は私たち宛てのメールで、次のように指摘してくれた。

「私たちは親身になるべきか、厳しくすべきかのジレンマに陥ることが多い。社会科学者はリーダーシップについても、子育てについてと同じ結論に達している。つまり、それが誤った二分法だということだ。本当は親身になりつつ、厳しく挑戦を促すべきだ。高い基準と期待を示し、それに到達できるよう励ましを与える。いわば愛のムチだ。『人当たりの悪いギバー』は、表向きは無愛想で扱いにくいが、内心は相手のためを心から思っている。誰もが聞きたくないが誰もが聞く必要のある、批判的なフィードバックをあえて与える人たちだ」

組織に関する研究は、ビルが直感的に知っていたことを裏づけている。すなわち、こうしたリーダーの特質が、チームのパフォーマンスを高めるということだ。

小売店チェーンを対象とした研究では、マネジャーを偽りがないと見なす（たとえば「マネジャーは本心を偽りなく話す」という項目に「そう思う」と答える）従業員は、リーダーをより信頼し、彼らの店舗の売上はより高かった。(14)

「すべきこと」を指図するな

物語を語り、自力で最適解にたどりつけるよう導け。

「勇気」の伝道師になる

2014年、ツイッターはグーグルとの提携交渉を進めていた。提携が成立すれば、グーグルの検索結果にツイートが表示されるようになる。当時のツイッターCEOディック・コストロが、経営陣とともに交渉に当たっていた。条件に関してさまざまな懸念があったため、最初は様子を見るために小さな契約を結ぶべきだと、経営陣は主張した。ディックは次の1on1コーチングでビルに状況を伝えた。

「そんなしみったれたことでどうする」とビルは言った。端っこから少しずつかじるんじゃない、可能な限り大胆な解決策を求めろと言うのだ。何か大きなことをするときは、細かいものごとや問題をあらかじめすべて知ることなどできない。短期の契約を結ぶのはいいとしても、とにかく思い切りやることが肝心だ。「でっかいアイデアがあるんだ！　もっと果敢に前進する方法を考えろ」

ディックは強気になれと経営陣に檄《げき》を飛ばし、数か月後ツイッターは、グーグルにデータストリームへのアクセスを認めることで合意したと発表した。

勇気を奮い起こすようにチームを駆り立てるのはマネジャーの仕事だと、ビルは考えていた。勇気を出すのは大変なことだ。人は生まれつき失敗を恐れ、リスクを怖がるようにできている。だからマネジャーはためらいを乗り越えるよう、部下の背中を押してやらなくてはならない。

グーグルの幹部を長年務めるショーナ・ブラウンは、これを「勇気の伝道師《エバンジェリスト》」と呼ぶ。ビルはコーチとしてつねに勇気の伝道師であり続けた。投資家のビル・ガーリーも「彼は自信を吹き込んでくれた」と言う。君ならできると信じ、たとえ本人が自信を持てなくても、自分に課した制約を超えろと、いつも促した。

ペイニアミーの創業者でCEOのダニー・シェイダーは、GOでビルと働いた。「ビルとのミーティングで僕がいちばん得たものは、勇気だ。ミーティングが終わるといつも『自分にはできる』と思わされた。僕が自分でできると思っていないことでも、ビルはできると信じてくれた」

ウーバーで上級副社長を務めたエミール・マイケルも言う。「つねに大胆であれ、とビルは教えてくれた。おかげでいつも本当にやる気が出た。ビルからは、力を奪う人でなく、与える人になるべきだと学んだ」

このように、つねに励まし続けること、力を与える人でいることが、有効なコーチングの最も重要な側面の一つだという研究結果もある。※(15)

突き進む許可を与える

シシル・メヘロートラーは2001年に初めての会社セントラータを立ち上げた。しばらくして、投資家の一人から電話があった。会社は業績不振で経費削減の必要があり、投

※ たとえばイギリスのアシュリッジ・ビジネススクールによる2011年の研究は、コーチに最も求められる特質に、「聞く力」「理解する力」に次ぐ第3位に「励まし」を挙げている。

資家は社員全員の経歴を調べて、解雇すべき人員をリストアップしていた。経験豊富な人材は残し、主に若手社員を解雇しろというのだ。

問題は、投資家が名前を挙げた社員のほとんどが、会社の創業メンバーだったことだ。彼らを辞めさせるのは得策には思えなかったが、シシルは投資家に押し切られるかたちで解雇した。それからビルに電話をかけた。

ビルはカンカンに怒った——君の勇気はどこに行ってしまったのか？

「あのころでさえ、彼は自分の直感を信じろと、いつも僕に言っていた」とシシルは言う。

「22歳の若造にだよ！」

君は若手社員らを解雇するのが正しいと思ったのかと、ビルは問いただした。

シシルの答えはノーだった。彼ら創業メンバーは会社への思い入れが強いのに対し、年配の人たちはより打算的で、会社が傾けばすぐに辞めてしまうだろう。

勇気をもって直感に従えというビルの言葉に励まされ、シシルは方針を撤回して、解雇したばかりの人材を雇い直した。結局これらの人材が、その後何年にもわたって会社の中核を担うことになった。

大胆になるよう促したといっても、ビルはやみくもに後押ししたわけではない。ビルはどんな人にも価値があると信じ、経験と才能を見抜く目で的確なアドバイスをした。

彼はただの応援団長ではなく、コーチであり経験を積んだ経営者だったので、ビルが君にはできると言えば、言われた側はそれを信じた。それだけの信頼感が彼にはあった。これはコーチの励ましの重要な側面だ。励ましは信頼に裏打ちされていなければならない。※(16)そしてビルを信じていれば、自分のことも信じるようになる。そうした自信はもちろん、目の前のどんなに手ごわい仕事にも立ち向かう助けになる。

「彼は突き進む許可をくれた」とアルファベットCFOのルース・ポラットは言う。「自分の判断に自信を持っていいのだと」

自信を持つことは、苦境に立たされたとき一層重要になる。J.クルーとギャップの元CEOで、ビルとともにアップルの取締役を16年間務めたミラード・〝ミッキー〟・ドレクスラーは、とくに状況が困難なときはCEOがコーチになるべきだと固く信じている。ものごとがうまくいっていないとき、「社員は毎日ボロボロの状態で仕事に来る。みんな気が滅入っている。リーダーは自分一人で問題を解決できないし、チームの士気が低くても解決できない。だからチームの自信を醸成しなくては」。

ビルは教える相手に高い基準を課した。君たちは偉大な存在になれる、自分で思っているよりはるかに偉大になれると。だからこそ私たちは高い目標を持ち、自分がその目標に

※ インディアナ大学のY・ジョエル・ウォンによる2015年の論文は、「励ます側が信頼できると見なされていること」が、効果的な励ましとやみくもな勇気づけとを分ける重要な点だと指摘している。

届いていないときには落胆した。

ビルは私たちが自分で設定するよりも高いところにバーを設けた。そういう姿勢で接してくれたからこそ、私たちはそれに応えようと努力できたのだ。

「勇気」の伝道師になる

相手の能力を、相手が自分で思っているよりさらに深く信頼せよ。

そしてもっと勇敢になるようハッパをかけよ。

「ありのままの自分」をさらけだす

アルファベットの最高法務責任者デイビッド・ドラモンドは、アフリカ系アメリカ人だ。「たとえば黒人など、その場の典型的なバックグラウンドとはちがう人は、周りから浮きがちだ」とデイビッドは言う。「自分らしさを押し出さずに周囲に同調せよという、強いプレッシャーがある。シリコンバレーの人々は、テック系か、一流ビジネススクール出身者のどちらかということになっている」

ビル・キャンベルはそのどちらでもなかった。だが「ビルは、ありのままの自分をさらけだしていた」とデイビッドは言う。

ビルはデイビッドとこのことについて話し合い、君の出自は君の人となりの大部分をつくっている、それをモチベーションと強みの源泉にし続けろと教えた。

「おかげで自分が周りとちがっていることや、黒人だということにあまり引け目を感じずにいられた」

私たちは本書のためのインタビューを行ううちに知ったのだが、「全人格をかけて仕事をする」という教えが主流になるはるか前から、ビルはありのままの自分で仕事をするように人々を励ましていた。

私たち自身はビルにそう言われたことはない。一流大学出身の異性愛の白人男性（つまり著者の私たち）は、仕事でありのままの自分を出すことを、とくにむずかしく感じないからだ。

だが労働者階級の町から来た技術系の学位を持たない元フットボールコーチとして、1980年代初めにシリコンバレーに飛び込んだビルは、自分が場違いだという感覚をいくらか持っていた。

それでも、彼はつねに自分をさらけだし、教える相手にも同じことを求めた。全人格をかけて仕事をするほど偽りがない人は、同僚に敬意を持たれるし、同じことをする同僚をより高く評価するだろう。

インテュイットの元ＣＥＯブラッド・スミスとメトリックストリームの元ＣＥＯシェリー・アーシャンボーも、ビルに同じようなアドバイスを受けた。

ブラッドはウェストバージニア州出身で強い訛《なま》りがあり、社会人になったころ、訛りを矯正するように言われたという。彼はそうしないことに決めた。

「僕の訛りはバグじゃない、仕様だと気づかされた」とブラッドは（シリコンバレー的言い回しとウェストバージニア人特有のゆっくりした話し方の完璧なブレンドで）話してくれた。

「人とちがったリーダーが好まれるのは、リーダーシップが自分の手にも届きそうな、身近なものに感じられるからだ」

シェリーはアフリカ系アメリカ人で、ＩＢＭでセールス担当として働きはじめたころ、そうした文化的背景を捨てて、身なりやふるまいを周囲に合わせようとしていた。ビルはそれを乗り越えるのを助けた。

「君がいちばん心地よく感じる格好をしろと、ビルは励ましてくれた。自分を偽ると、他人にもそれがわかる。なぜ偽っているのだろうと人は考え、それが不信感を生むのだと」

「ありのままの自分」をさらけだす

人はありのままの自分でいられるとき、そして全人格をかけて仕事をするとき、最もよい仕事ができる。

これらがビルのエグゼクティブコーチとしての成功を支えた要素であり、またビルに教えを受けた人たちが自分の同僚や部下をコーチするときに肝に銘じた要素だ。

まず信頼を築くことから始め、時間をかけてますます深めていく。コーチする相手を選び抜き、コーチングを受け入れる姿勢のある、謙虚で向上心旺盛な、生涯を通じて学び続ける意欲のある人だけをコーチする。そして相手の話に一心に耳を傾ける。たいていの場合、何をすべきかは指図せず、物語を語って聞かせ、そこから自分で結論を引き出させる。完璧に率直になり、相手にも同じことを求める。相手にとてつもない信頼を寄せ、高い目標を設け、勇気の伝道師になる――。

これらの要素によって、ビルと一緒にいる部屋はすばらしい環境になった。教える相手を高めることだけに捧げられた空間だ。イーベイの元CEOジョン・ドナホーは言う。

「ビルが与えてくれたのはアドバイスや気づきだけじゃない。一緒にいると、目を閉じていても彼の存在がひしひしと感じられた。存在を耳で聞くよりも強く、肌で感じられた」

Chapter

4

チーム・ファースト

チームを最適化すれば問題は解決する

グーグルは2004年8月の上場時に、2種類の株式を発行した。クラスA株式は一般向けに売却される株式で、保有者に1株あたり1票の議決権が与えられる普通の株式だ。クラスB株式はこれとは異なり、1株あたり10票の議決権が割り当てられるもので、一般向けには売却されず、共同創業者のラリー・ペイジとセルゲイ・ブリン、CEOのエリックなど、グーグルの内部者が保有する。

この「デュアルクラス」構造によって、グーグルの創業者と経営陣は支配権を維持した。これは当時としては珍しい構造で、大きな話題を呼び、IPOまでの数か月間にわたって国民的議論を巻き起こした※。

ラリーとセルゲイにとってこの構造は、彼らが思い描くグーグルのビジョンに欠かせない要素だった。ウォーレン・バフェットを崇拝する二人は、彼の会社バークシャー・ハサウェイが採用するデュアルクラス株式に詳しかった。

二人はかねがねグーグルを私企業であると同時に、制度でもあるとみなしていた。長期的視点に立って考えることの重要性を熱狂的に信奉し、四半期ごとの株価動向に一喜一憂せずに大きな賭けや投資を行うことを望んでいた。公開企業になれば、グーグルらしい「大きく考える」姿勢が失われてしまうのではないかと懸念し、デュアルクラス構造がそれを防ぐ手段になると考えた。自分たち創業者の利益は、つねに株主の利益と一致する。なぜなら長期的思考と長期投資は、あらゆる人にとって価値を最大化する最良の方法なのだから、と。

チームがなければ何もできない

エリックはこの議論の渦中にいた。彼は創業者たちと長時間話し合いを重ね、これが最善策だと確信するに至った。この構造を取れば、グーグルは現在の事業を推進しながら、「世界中の情報を整理する」という、より大きな使命に向かって前進し続け、伝統的な構造できるよりも大きな株主価値を生み出せるはずだ。彼は取締役会にそう主張したが、まだ答えの出ない多くの問題が残っていた。

同じころ、数人の取締役が、より独立性の高い新しい取締役会長を迎えることを検討していたが、デュアルクラス株式導入の議論を受けて、その考えをさらに強めた。彼らはエリックに会長を退き、CEOとして会社にとどまってほしいと要請した。

エリックはこの方針にひどく傷ついた。会長兼CEOとして、3年間よい仕事をしてきたという自負が彼にはあり、彼の知るかぎり取締役会も同意見だった。創業者と従業員の信頼を獲得し、会社の業績は絶好調で、上場を間近に控えていた。なのに、なぜこのタイミングで会長を解任するのか？　彼はビルに電話をかけ、思いのたけをぶつけた。

「どうするつもりだ」とビルは尋ねた。

自尊心をいたく傷つけられたエリックは答えた。

「グーグルを辞めるつもりだよ」

「そうか」とビルは言った。「いつだ？」

この瞬間、ビルは経営陣のコーチとして、グーグルの未来の重要な担い手になった。テ

※　デュアルクラス（二つのクラス）構造を採用した企業の初期の例には、フォード、ニューヨーク・タイムズ・カンパニー、バークシャー・ハサウェイなどがある。2004年以降はフェイスブック、リンクトイン、スナップなどの企業が採用し、議決権が異なる複数のクラスの株式を持つ構造はより一般的になっている。

ック業界に類のないチームが、いま分裂の危機に瀕している。ビルはそれを許すわけにはいかなかった。このすべてが――つまりエリックが会長だけでなく、おそらくCEOの座も辞任することが――決定される取締役会の開催は、2日後の木曜に迫っていた。ビルはさっそく動きはじめた。

ビル・キャンベルはチームのコーチだった。チームを築き、育て、メンバーの適材適所を図り（不適材を不適所から外し）、励まし、望ましい成果が上がらないときは全員の尻を叩いた。彼はつねに言っていたように、「チームがなければ何も成し遂げられない」ことを知っていた。これはスポーツ界の常識だが、ビジネスの世界では十分には理解されていないことが多い。

「共通の目的のもとで力を合わせてこそ、本当に成功し、ものごとを成し遂げることができる」とコロンビア大学学長のリー・C・ボリンジャーは言う。「多くの人は、いろんな意味でこのことをわかっていないし、わかっていてもやり方がわかっていない。ビルのすごさはここにあった」

全員が「チーム・ファースト」になる

ビルが指針とした原則は「チーム最優先」であり、彼が人々に何よりも求め、期待したのは、「チーム・ファースト」の姿勢だった。メンバー全員がチームに忠実で、必要とあらば個人よりチームの目的を優先させなければ、チームの成功はおぼつかない。チームを勝たせることが最優先事項でなくてはならない。

これを最もうまく言い表したのが、チャールズ・ダーウィンの著書『人間の由来』の一節だろう。「成員の多くが高い愛着心と忠誠心、服従心、勇気、思いやりを持ち、つねに助け合い、全員のために自分を犠牲にする覚悟がある部族は、ほかの多くの部族に対して勝利を収める。これが自然淘汰《しぜんとうた》である(1)」

ビルは2004年のこのとき、間近に迫ったIPOと会社の構造に関する議論、そして自身が会長を解任されるという考えによって、エリックが感情を逆なでされていることを、的確に察知した。彼はエリックが傷ついていることを理解したが、チームが彼の力をこれからも必要としていることも知っていた。またこれから当面のあいだ、グーグル会長としてエリック以上にふさわしい人物がいないこともわかっていた。

ビルはそうした状況を考え、翌日エリックに電話をかけた。君は辞めるわけにはいかない、チームは君を必要としている、と彼は言った。ここはひとまず会長を辞任し、CEOに留まってはどうか？　そしていつかそう遠くない先に、君が会長として復帰できるよう、私が取りはからおう。

ビルは合理的な妥協案を示して、エリックのグーグルへの忠誠心に訴えた。これはいますべき戦いではない。君はプライドのせいで、会社のためになること、そして君自身のためになることができなくなっていると。

エリックはビルが正しいことを理解し、ビルがこの申し出を必ず実行してくれると信じたから、承諾した。それから二人は翌日に迫っていた取締役会の進め方について話し合い、エリックは準備万全で木曜当日を迎えた。彼は会長を辞し、CEOに留まった。そして2007年に会長に復帰し、2011年4月には経営執行役会長となり、2018年1月まで同職を務めた。

エゴと野心を超えてチームをまとめる

グーグルを辞めるという、エリックの短命に終わったこの決定を、とんでもないと思う人が多いかもしれない。どれだけの株式を置いていくことになるのか！

だがチーム、とくにパフォーマンスの高いチームには、ほかにも大事なことがある。お金だけの問題ではないのだ。目的、プライド、野心、エゴ――これらもマネジャーやコーチが考慮に入れなくてはならない、れっきとした動機である。

ビルはエリックの感情と理性の両方に訴えなくてはならないことを理解していた。だからこそ、彼の示した妥協案は受け入れられたのだ。

その妥協案を示したとき、ビルはエリックを将来会長に復帰させることについて、まだ全員の了解を得ていたわけではない。ただ、それが会社にとって正しい判断であり、そして自分にはコーチとしてそれを実現できる影響力があることを知っていた。ビルの誠実さと、長年にわたって示してきた健全な判断力がものをいったのだ。機が熟したら、つまりＩＰＯが実施され、ほとぼりが冷めたころに、ビルはエリックを会長に復帰させるべきだと訴えるつもりだった。そして、実際にそれを実現させた。

これは大きく複雑な利害や問題が絡むチームビルディングの一例だ。数十億ドル規模のＩＰＯを間近に控え、投資家と創業者、上級幹部が、困難な問題を議論していた。チームのコーチが最も必要になるのは、まさにこのような状況だ――一人ひとりのエゴの先にあるものを見通し、全員が力を合わせればどれほどの価値を生み出せるかを理解できる人物が必要なのだ。

チームビルディングはあらゆる企業の成否のカギを握り、ビルが信奉した原則は組織のあらゆるレベルに通用する。だがエゴと野心が渦巻く上層部では、チームを一つにまとめるのはとてももずかしい。

幹部は個別のエグゼクティブコーチングを受けられるかもしれないが、幹部レベルのチ、ーム、、、のコーチとなると、ほとんどいないのが現状だ。そもそもオールスターチームにコーチがいても、彼らはほとんどコーチしない。ただゆったりくつろいでショーを楽しんでいるだけだ！　なぜ、経営陣という社内でもとびきり才能豊かな人たちが集まるチームにコーチが必要だというのか。

「入社したときは不思議だった」とパトリック・ピシェットは言う。「グーグルにはきら星のような人たちが集まっているのに、なぜコーチが必要なんだ？」

だがじっさい、グーグルの成長期にビルが経営陣の育成におよぼした影響は計り知れない。そしてその影響は、彼が亡くなるまで持続した。グーグルの元CBO（最高事業責任者）オミッド・コーデスタニは言う。「グーグルのとても特別なところは、経営チームにコミュニティの側面があることだ。ビルが接着剤の役割を果たしていたんだ」

勝つだけでなく、正しく勝つ

ではチームのコーチとして、ビルはいったいどんなことをしていたのか？

彼はまず本能的に、問題ではなく、チームに取り組んだ。つまりチームが抱える問題そのものの解決ではなく（それは彼らの仕事だ）、チームの力関係にフォーカスした。

彼の仕事は、チームビルディングを行い、メンバーの才能を見きわめ、「実行家」を見つけることにあった。彼はチームの最大の問題に真っ先に取り組んだ。それは、不満を募らせ、緊張をもたらす厄介者だ。

彼は勝つことに集中したが、「正しく勝つ」ことにこだわり、状況が厳しくなると自分の核をなす価値基準に立ち戻った。人と人との隔たりを埋め、耳を傾け、目をこらし、それから舞台裏での会話を通じてチームを一つにまとめた。

「彼はどんなときもチームビルディングをしているように感じられた」とシェリル・サンドバーグは言う。「ビルとすごす時間は、エグゼクティブコーチングやキャリアコーチングではなかった。私だけの話で終わることは一度もなかった。いつでもチームが最優先だった」

問題そのものより、チームに取り組む

数年前、グーグルのミーティングで、ある成長中の事業のコストに関する問題を話し合っていた。ラム・シュリラムが懸念を表明した。数字が大きくなっているぞ！　いったいどうなっているのか、調べたほうがよくないか？

堂々めぐりの議論がしばらく続いてから、ビルが口を開いた。気にするな、と彼は言った。うちにはいいチームがある。彼らが問題に取り組んでいるんだから大丈夫だ。

「あのとき学んだことがある」とラムは言う。「ビルはいきなり問題を解決しようとせず、まずチームに取り組んだ。問題を分析的に考えたりしなかった。チームには誰がいるのか、彼らは問題を解決できるのかを話し合ったんだ」

私たちマネジャーは、とかく目の前の問題にとらわれがちだ。状況はどうなっている？ 問題は何だ？ 選択肢は何がある？ など。これらは有効な質問だが、コーチはより本質的な問いによってチームを導こうとする。誰が問題に当たっているのか？ 適切なチームが適所に配置されているか？ 彼らが成功するために必要なものはそろっているか？

「僕はグーグルのCEOになったとき、ビルにアドバイスをもらった」とスンダー・ピチャイは言う。「CEOの立場に立ったら、いままで以上に人に賭けろ。チームを選べ。人とチームのことをもっと考えろ、と」

グーグルとアップルの「おもちゃ」の取り合い

私たちが2010年に起こった問題にこの手法を用いて対処できたのも、ビルのおかげだ。アップル（とくにスティーブ・ジョブズ）は、同社がiPhoneのために開発した特許がグーグルのアンドロイドOSに侵害されていると信じ、グーグルの提携先のアンドロイドスマホのメーカーに対して訴訟を起こした。

ビルにとってこれは事業上、法務上の問題というだけでなく、個人的な問題でもあった。ビルはジョブズの親しい友人で、アップルの取締役に名を連ねている一方、グーグル経営陣の非公式だが影響力の大きいコーチでもあった。まるで二人のわが子が、お気に入りのおもちゃよりずっと大きなものをめぐって争っているようなものだった。

ビルが取った手法は、問題ではなくチームにフォーカスすることだった。ビルはこの問題やスマホの懸案の機能に精通していたが、双方の主張の是非には触れようともしなかった。だが、アップルとの折衝《せっしょう》に適切な人物を考えてエリックに助言した。アラン・ユースタスだ。アランはアップルとのやりとりの主任外交担当になり、両社の関係を崩壊させないように奔走した。

ビルのキャリアのずっとあとになって、グーグルは社内体制の抜本的な刷新を計画した。新しい持株会社「アルファベット」を設立し、グーグルの最も冒険的な事業（アザーベッツ〔その他部門〕）を分社化して、アルファベットの子会社にするというものだ。この新体制はグーグルの業務構造と経営文化に大きな変化をもたらすことになる。スンダー・ピチャイがグーグルCEOに昇格し、ラリー・ペイジはアルファベットCEOに就任する。

そしてCBOのニケシュ・アローラがグーグルを離れるため、要職の一つに大きな穴が空くことになった。そこで初代CBOを務めたオミッド・コーデスタニに連絡を取ることにした。彼は戻ってきてくれるだろうか？

「あの時点でグーグルがアルファベットに移行し、スンダーがグーグルCEOになることははっきりしていた」とオミッドは言う。「でもどうやってそこにたどりつくかは、わかっていなかった。あまりに多くの複雑なステップが必要だった」

オミッドがビルと話したとき、事業運営の変化や方針、戦略などは話題にも上らなかった。二人はチームについて話した。会社と社員を第一に考え、移行を助けてくれる人を、ビルは求めていた。まさにオミッドのような人物だ。

「最上層部があんなにチームを気にかけるのはめずらしい」とオミッドは言う。「ふつうはかなり冷徹なものだ。だがビルはちがった。彼が何より気にかけていたのは経営チームのことだった」

問題そのものより、チームに取り組む

問題や機会に直面したら、最初のステップは、適切なチームを適所に置いて問題に取り組むことだ。

「正しいプレーヤー」を見つけよ

「会社を運営するなら、本当にずば抜けた人材で周りを固めろ」とビルは言った。もちろん、これは驚くべき名言でも何でもない。自分よりも優秀な人材を採用せよ、というのは言い古されたビジネスの鉄則だ。

「CEOのために何かの業務を統括する人は、その職務でCEOより秀でていなくてはならない。人事やITの代表として行動するときも、ほとんどの場合は会社全体を代表するつもりでいてもらいたい。とびきり聡明で有能な人材を集めろ。君たちに必要なのは、その集団から出てくる最高のアイデアだ」

ビルは4つの資質を人に求めた。まずは「知性」。これは勉強ができるということではない。さまざまな分野の話をすばやく取り入れ、それらをつなげる能力を持っていることだ。ビルはこれを「遠い類推」（かけ離れたものごとをつなげる発想）と呼んだ。そして「勤勉」であること。「誠実」であること。そして最後に、あの定義のむずかしい資質、「グリット」を持っていること。打ちのめされても立ち上がり、再びトライする情熱と根気強さだ。

ビルはこの4つの資質があると思える人には、ほかの多くの欠点に目をつぶった。彼は面接で候補者をこれらの観点から評価する際、その人が何を成し遂げたかだけでなく、どうやって成し遂げたかを尋ねた。

候補者が「収益成長に貢献するプロジェクトを指揮した」と言えば、どうやって成長を実現したかを聞くことで、その人物がプロジェクトで果たした役割について多くのことがわかる。現場で陣頭指揮を執ったのか？　率先して仕事に当たる「実行家」だったか？　チームを構築したか？

ビルは代名詞にも注目した。「私」（自分第一主義の証）と「私たち」のどちらを多く使うか[※1(2)]？

「チーム・ファースト」で考えているか？

ビルが最も嫌ったのは、学ぶことをやめた人たちだ。質問するより答えるほうが多い？　そいつは赤信号だ！

ビルは貢献意欲、それも個人的な成功だけでなく組織の大義に貢献する意欲を持っている人を求めた。チーム・ファーストだ！　スンダー・ピチャイも言うように、「自分の成功が他人との協力関係にかかっていることを理解している人、ギブアンドテイクを理解している人、つまり会社を第一に考える人」を探す必要がある。スンダーとビルは、そういう人材が見つかれば、スンダーいわく「かけがえのない人材として扱った」。

だがそうした人材かどうかを、どうやって判断するのか？

彼らが何かを犠牲にしたり、他人の成功を喜ぶことがあるかどうかに注目すればいい。

スンダーはこう指摘する。

「ときとして、より大きな成果を得るために、誰かが何かを犠牲にしなくてはならないことがある。僕はそういうときのシグナルにオーバーインデックスしている。[※2] 自分とは直接関係のない、ほかの部署の成功を喜んでいるときもだ。そういうことに目を光らせるんだ。控え選手がチームメイトを応援する、そう、ケヴィン・デュラントがロングシュートを決め、ステフィン・カリーが飛び上がって喜んでいるようなとき。本心じゃなきゃあんなふ

※1　これはビルの原則のなかで、研究による裏づけを欠く、数少ない部分だ。ジェームズ・ペネベイカーが著書『誰も知らない「代名詞の話」（The Secret Life of Pronouns）』（未邦訳）のなかで説明するように、「私」と「私たち」のどちらを多用するかは、チームプレーヤーかどうかを測る尺度というよりは、地位を表す指標である。地位の低い人（会社の平社員や大学の新入生など）は「私」をよく使い、地位の高い人（幹部や教授など）は「私たち」を多く使う。

※2　オーバーインデックスするとは、ギーク用語で「大いに注目する」の意味だ。

うにはできないよ」※

２０１１年にエリックはグーグルCEOの座を退いた。そしてそれに続く組織再編によって、プロダクト責任者というジョナサンの職務が廃止された。ジョナサンはそれに代わる職務として、エンタープライズ事業（数十億ドル規模の現グーグルクラウド部門）の責任者など、いくつかの選択肢を打診された。だが彼はすべて断ることにした。再編に傷ついていたし、彼の目にはほかのどの職務も降格に映ったのだ。

ビルはひどくがっかりした。ジョナサンはグーグル経営陣にとって（そしてじつはジョナサン自身にとっても）ベストなことをするより、傷ついたエゴに囚われていた。ジョナサンは「エゴと感情が生んだまちがい」を犯している、ケツから頭を引っ張り出す必要がある、とビルは思った。

時間をかけてよく考えるんだとビルは言い、その後も定期的にジョナサンと会った。おかげでジョナサンは別の職務を引き受け、グーグルの組織に居続けることができた。

ビルはジョナサンを見捨てなかったが、ジョナサンには、彼がチームを見捨てようとしたことは決して忘れさせなかった。

ジョナサンにとって、これは鮮烈な個人的教訓になった。変化が起こるとき、チームにとって最善のことを優先しなくてはならない。

「ずけずけ」と意見を言っているか？

ビルは勇気を重んじた。リスクを取り、たとえ自分の立場を脅かされても、チームにとって最善のことを臆さずに主張する意欲だ。スンダー・ピチャイはグーグルでCEOになる前から、何かが正しい選択でないと感じれば、相手が私たちであろうと、CEOに復帰したラリー・ペイジであろうとかまわず、率直に意見を言った。

ガッツがなければできないことだが、スンダーはこう説明する。「僕がむずかしい問題について率直に意見を言うと、ビルはいつも評価してくれた。僕が会社とプロダクトを第一に考え、その立場から意見していることをわかっていてくれたんだ」

いまスンダーは、部下が同じことをすれば敬意を払う。「会社のことを心から考えている、本物のチームプレーヤーがいる。彼らの意見に僕は一目置いている。正しい立場から出た意見だと知っているからだ」

ビルは「むずかしい」人たちに魅力を感じた。ずけずけとものを言い、ときに人の神経を逆なでし、世間の風潮や大勢にひるまず立ち向かう人たちだ。「いびつなダイヤモンド

※ ステフィン・カリーとケヴィン・デュラントは、NBAゴールデンステート・ウォリアーズのスター選手。ウォリアーズの熱狂的ファンであるスンダーがこう言ったのは、ウォリアーズが4年間で3度目のNBA優勝を果たしたばかりのときだった。

のような人たち」とアラン・ユースタスは言い表す。ビルとスティーブ・ジョブズとの友情が何よりの証拠だ。

それにビルはグーグルのラリー・ペイジとセルゲイ・ブリン、インテュイットのスコット・クックなどの創業者とも親しかった。一筋縄ではいかない面々だ！　ビルはおそらくそうした性質を求めたというよりは目をつぶり、ときには積極的に受け入れたのだろう。

この手の人材は疎《うと》まれがちだが、ビルは彼らを興味深く、育て甲斐があると感じ、彼らのざらつきを輝きに変えようとすることもあった。最も有能なコーチは、チームメンバーの風変わりな点や「とんがり」を許容し、奨励することさえある。アスリートから起業家、経営者まで、ずば抜けたハイパフォーマーにはむずかしい人が多い。そういう人たちこそチームに入れる必要がある。

シェリル・サンドバーグは2001年末のグーグルに入社した週にビルと初めて出会い、君はここで何をしているのかと聞かれた。当時シェリルは「事業部ゼネラルマネジャー」の肩書きで採用されていた。彼女が来るまで存在もしなかった職務だ。じっさい、グーグルには事業部などなく、彼女が運営すべきものはまだ何もなかった。

シェリルが財務省から来たと答えると、ビルはさえぎって言った。それはわかったが、ここで何をしているんだ？　そこでシェリルは、これからやろうとしていることを答えた。

ビルは納得しなかった。そうじゃない、ここで何をしているのか？　シェリルはとうとう本当のことを認めざるを得なかった。いまのところ、何もしていないのだと。

「あのとき本当に大事なことを学んだ」とシェリルは言う。「大事なのはそれまでやってきたことでも、これからやろうとしていることでもなく、日々やっていることなのだと」

これはおそらく、ビルがチームメンバーに求めた最も重要な資質だろう。毎日仕事に出てきて、精いっぱい働き、インパクトを残す人。つまり、実行家だ。

「スター」だけではチームにならない

人材を評価するときは、チームや会社との相性を考えることも大切だ。シリコンバレーでは、ずば抜けた才能と機転を持ち、何でもできて何でも一番になれる「スーパースター」を求める傾向が強い。とくに経営層に顕著な傾向だ。

だがグーグルのCBO（最高事業責任者）、フィリップ・シンドラーは言う。「クォーターバックだけでチームをつくるんじゃない、といつもビルに言われた。チームの構成に細心の注意を払い、多様な才能が巧みに織り合わされたチームをつくれと」

どんな人にも限界がある。肝心なのはメンバー一人ひとりを理解し、何が彼らを際立たせているのかを知り、残りのメンバーとうまく噛み合えるよう手助けすることだ。ビルは認知能力を重視したが、とくにテック業界をはじめビジネスでは必ずしも優先されない共感力などのソフトスキルの重要性も理解していた。知性と心の組み合わせがよりよいマネジャーをつくるのだと、彼はグーグルで教えた。

またビルは経験を過度に重視しなかった。スキルとマインドセットを見れば、どういう人材に育つかを予測できた。これがコーチの才能だ。プレーヤーの現在のパフォーマンスを見るだけでなく、潜在能力を推し量る能力だ。

もちろん、完全に正確に予測するのは無理かもしれない。スタンフォード大学教授キャロル・ドゥエックが2006年の著作『マインドセット「やればできる!」の研究』(草思社)のなかで指摘するように、真のポテンシャルを前もって知ることは不可能だ。なぜなら「長年にわたる情熱と骨折り、訓練によって、どんなことを成し遂げられるかを予見することはできない」からだ[3]。

だが完全に正確に予測できなくても、経験不足だけを理由に門前払いをするのを避けるくらいには、潜在能力に賭けることはできる。

人材採用は経験をもとにするのが一般的な傾向だ。Xの仕事をする人を雇うときは、Xの実務経験が長い人材を求める。だがパフォーマンスの高いチームを築いて未来の基盤づくりをするには、経験だけでなく潜在能力をもとに採用することが欠かせない。

「当事者」をチームに加える

「適材を選ぶ」ということは、社内の誰をチームに加えるべきかについて考え直すことも含んでいる。

ジョナサンがグーグルのプロダクト責任者を務めていたとき、部下にはプロダクト管理のリーダーが数人いたが、組織の構成上、エンジニアリングのリーダーは一人もいなかった。そのため人材や資源を配分、配置するたびに衝突が起こった。プロダクトリーダーたちは、エンジニアリングリーダーたちと必ずしも意見が合わなかった。

ジョナサンのスタッフミーティングはこうした決定をめぐってしばしば紛糾し、その場にいないエンジニアリングリーダーが槍玉に挙がることもあった。

ビルがジョナサンに与えたアドバイスは、単純なものだった。チームにプレーヤーを何人か加えろ。エンジニアリングリーダーたちをスタッフミーティングに招くんだ。一度だけでなく、この先ずっとだ。それから彼らと計画を議論し、話し合いの内容を公表し、どんな決定になろうと全員の了解を得ろ。

ミーティングの目的は、ジョナサンが議題を勝手に選んで、やるべきことを指図することではなく(ビルの見たところ、ジョナサンはときどきそれをすることがあった)、チームが協力して議論を行えるように図ることだ。そのためには、不和の元凶を参加させるしかない。

それでも言い争いは起こったが、当事者が参加しているため、以前より早く問題を解消することができ、結果としてグループ間の絆が深まった。

ビルはビジネスキャリアの初期から、人材を見抜く才能を見せはじめた。コダックでのビルの同僚エリック・ジョンソンによれば、当時コダックはとても儲かっていたため、凡庸な社員を排除することにはあまり関心がなかった。また、ビルも解雇担当ではなかった——彼が業績不振者への対処方法を身につけたのは、インテュイットのCEO時代にその必要が生じたときだ。

だがコダックでビルは、すべての部署に「実行家」を見つけ、彼らに率直な意見を言わせる能力を身につけた。大企業では必ずしも容易ではないことだが、ビルは採用候補者に求めたのと同じ、知性、勤勉、誠実、グリットの4つの資質を持つ人材を、社内でも探した。またそうして見つけた人材を公式、非公式に集めて、プロジェクトや問題を議論させ、成果を出させた。

「みんながミーティングを楽しみにしていた」とエリック・ジョンソンは言う。「キャンベルのミーティングや集まりでは、結果志向の雰囲気のなかで誰もが積極的に発言し、楽しんでいた。彼のチームに参加するのは前向きで楽しいことだった」

「正しいプレーヤー」を見つけよ

人に求めるべき最も重要な資質は、知性と心だ。

つまり、すばやく学習する能力と厳しい仕事を厭わない姿勢、誠実さ、グリット、共感力、そしてチーム・ファーストの姿勢である。

ペアで仕事に当たる

先にも言ったように、ビルは同僚間の関係をことに重視した。チーム内の人間関係を育むことは、チームビルディングの重要だが見過ごされがちな側面だ。人間関係は、自然にできあがることもあるが、重要すぎてなりゆきまかせにはできない。

だからビルはあらゆる機会を捉えて、ペアをつくった。ふだん一緒に仕事をしていない二人を選んで、課題やプロジェクト、決定をまかせ、二人で自由にやらせる。この方法を

取れば、どんな仕事であっても、それに取り組む二人のあいだにたいてい信頼関係が生まれる。※(4)

これが、ビルがジョナサンに初めて助言したことの一つだ。ビルはジョナサンのスタッフミーティングに二度ほど参加したあとで、もっと部下のコーチングに力を入れろ、ペアをつくって何かに取り組ませろと、ジョナサンを諭した。独裁者のように仕事を割り当てるだけじゃなく、ペアを組ませるんだ！

ジョナサンはそれ以来、業績発表などの一般向けイベントの資料づくりや、チームの社外ミーティングの企画、報酬・昇進規定の見直し、社内ツールの制作といったプロジェクトについては独裁をやめて、スタッフをペアリングして取り組ませるようにした。結果、チームの意思決定が改善し、絆が深まった。

ビルはジョナサン自身もペアになるようコーチした。

ビルはパトリック・ピシェットがＣＦＯ（最高財務責任者）としてグーグルに入社したとき、彼のところに行って会社の流儀を教えてやれと、ジョナサンに勧めた。

ペアを組んだことでパトリックも助けられたが、エリックの経営チームに、信頼関係を持った新たなペアが生まれることになった。これが本来の目的だった。成果を出すことは重要だが、チーム内でペアが一緒に何かに取り組み、お互いを知り、信頼し合う機会も、それに劣らず大切だ。これはチームが成功するために欠かせないことなのだ。

ペアで仕事に当たる

同僚同士の関係は重要なわりに見過ごされがちなので、チーム内でペアをつくってプロジェクトや決定に取り組ませる機会を設ける必要がある。

同僚フィードバック調査

同僚関係をいたく重視していたビルは、グーグルで長年用いられるようになった「同僚フィードバック調査」の設計にも携わった。この調査は、回答者に同僚へのフィードバックを求めるもので、その結果を見れば、同僚の目から見た自分の仕事ぶりを的確に捉えられる。ほかの誰よりも、同僚による評価が最も重要だとビルは考えていた。

※ ジョージタウン大学のダニエル・マカリスターによる1995年の研究では、マネジャーと同僚のやりとりの頻度が増すにつれ、二人のあいだの信頼が高まった。

調査は当初、「職務遂行能力」「同僚たちとの関係」「マネジメントとリーダーシップ」「イノベーション」の4つの側面から見たパフォーマンスについて意見を集めることを目的としていた。だがのちにビルは「ミーティング中の行動」に関する質問も含めるべきだと言い出した。ミーティング中にスマホやラップトップを見ている人の多さにあきれていたのだ！　また私たちはのちに「協力関係」に関する質問と、プロダクトリーダーを対象とする場合は「プロダクトビジョン」の質問も含めた。次に挙げるのが完全版の調査だ。

核となる属性

この人物の過去12か月間について、あなたは次の項目にどの程度同意できますか／できかねますか？

□職務でめざましい業績を挙げた
□世界クラスのリーダーシップを示した
□グーグルと所属部門の両方にとって最善の成果をもたらした
□イノベーションやベストプラクティスを取り入れることによって、グーグルに可能なことの限界を押し広げた

□同僚と効果的に協力し（たとえば力を合わせる、同僚との問題や障壁を解決するなど）、所属チーム内でもメンバーの協力を促した

□上級チームのミーティングに大いに貢献した（たとえば十分な準備をして臨む、積極的に発言する、じっくり耳を傾ける、率直で敬意のこもった態度を取る、建設的な反対意見を述べる、など）

プロダクトリーダーの属性

この人物は過去12か月間に次の分野で模範的リーダーシップをどの程度発揮した／発揮しなかったと思いますか？

□プロダクトのビジョン

□プロダクトの品質

□プロダクトの実現

自由回答式の質問

□この人物を差別化し、有能にしているものは何だと思いますか？

□この人物をさらに有能にし、さらに大きなインパクトを与えられるようにするために、あなたならどうアドバイスしますか？

同じテーブルに着く

1980年代のテック企業は幹部の大半が男性で、女性はとても少なかった。※(5) アップルの人事責任者を務めていたデビー・ビオンドリロは、そうした数少ない女性の一人だった。だが彼女は毎週開かれるCEOのスタッフミーティングではテーブルに着かず、壁際に並んだイスの一つにすわるのだった。ビルはこれにがまんがならなかった。

「そんな後ろで何をしている？」と彼はデビーに言った。「テーブルに着くんだ！」

とうとうある日、デビーはミーティングに早くやってきて、おそるおそるテーブルに着いた。席がどんどん埋まり、デビーの隣にはアル・アイゼンスタットがすわった。アルはアップルの法務顧問で、ビルの前任のマーケティング責任者の一人として、同社の初期の成長に貢献した精力的な幹部だ。

彼は無愛想なことでも知られていた。その日アルはテーブルに着き、隣にデビーがすわっているのに驚いた。「お前さん、ここで何をしているんだ？」と彼はぶっきらぼうに尋ねた。

「ミーティングに出るのよ」と、彼女は内心よりも自信に満ちた声で答えた。

「アルは私を何秒かじっと見つめていた」とデビーは言う。「そしてビルのほうを見やった。そのとき、もう大丈夫だと思った。ビルが味方してくれるから」

ビルは私たちがこれまでのキャリアで出会った誰よりも強く、女性が「同じテーブルに着く」べきだと主張していた。多様性が叫ばれるようになるはるか前からそう訴え続けていた。

一見、意外に思えるかもしれない。ビルは口が悪く、フットボール命で、下ネタ好きで、野郎旅をきわめ、ビールを愛した。こうした男同士の活動のうち、ののしりを除く大半は職場の外で行われたが、完全にというわけではない。ビルの周りの女性たちは、きまり悪さを感じたこともあっただろうし、スポーツバーでビールを飲みながらジョークを飛ばす

※ 30年経ったいまも、テック業界の女性幹部はまだ少数派だ。ハイテク企業の幹部に占める女性の割合は、2016年のアメリカ雇用機会均等委員会報告書によると20％で、エンテロによる2018年のテック業界における女性報告書によれば10％だった。

のに気が引けることもあっただろう。
だが私たちが話を聞いた女性たちは、一人残らず彼のスタイルを心地よく感じていた。ビルが敬意と温かさ、率直さをもって厳しいことを言ってくれる、まっすぐな人間だと知っていたからだ。

優秀なチームはメンバーのIQを上回る

チームづくりの際にはバイアスに囚われてはいけないことを（そして誰もがバイアスを持っていることを）、私たちは早い時期にビルに教えられた。だがこれは彼にとってはあたりまえのことだった——勝利できるかどうかは、最高のチームを持てるかどうかにかかっていて、最高のチームには女性が多いのだ。

2010年の2つの研究が、ビルの考えを裏づけている。これらの研究はチームの「集合知」について調べた。なぜ一部のチームは個々のメンバーのＩＱの総和よりも「賢い」のか？

理由は3つある。第1に、最高のチームでは一人、二人が発言を独占せず、全員が議論に貢献する。第2に、そうしたチームのメンバーは複雑な感情を読むのがうまい。そして第3に……そうしたチームには女性が多い。このことは、女性が男性に比べて感情を判断するのがうまいことからも、ある程度説明がつく。[6]

ビルはどんな要職にも女性を検討しろと、いつも私たちを促した。「どんなときも適任の女性は見つかる、ちょっと時間はかかるかもしれないが」。彼はできる限り女性の登用を支援した。2015年にグーグルのCFOになったルース・ポラットもその一人だ。

ビルはコーチする女性たちに、とくに人事や広報などの典型的に女性の多い分野以外の仕事で、より大きな職務と大きな損益責任を積極的に担え、とハッパをかけた。自分の知っている成功した女性リーダーを、ほかの女性リーダーに紹介した。ビジネスの話をするときはいかなる性差別も許さなかった。

彼はイヴ・バートンをインテュイットの取締役に招き、その後も彼女がメディアコングロマリット、ハーストの上級副社長と相談役の職務を果たすのを、さまざまなかたちで手伝った。彼女が交渉していたコンテンツ契約についても助言した。二人はコロンビア大学とスタンフォード大学のジャーナリズム&テクノロジー・パートナーシップにも協力した。

だがビルが何よりも力を注いでいたのが、ハーストラボだ。これはイヴがビルの提案と助言を受けてハーストで始めた、女性起業家のインキュベーターである。現在ハーストラボに在籍する企業の価値は、合計2億ドルを超える！

「あれがビルの後押しを受けてやった最後の仕事になった」とイヴは言う。「女性に会社の種をまく場所を与え、成功させるのが、彼の構想だった」

性別は関係ない

また、ビルは仕事外でも種をまける場所を人に与えた。ある日ダイアン・グリーンは、インテュイットの取締役会でビルと子どもたちの話をした。ダイアンの息子は中学でフラッグフットボールをしていたが、小学5年生の娘は、男子がフットボールをできて女子ができないのは不公平だと不満を持っていた。

ビルは木曜の午後にアサートンのセイクリッド・ハート・スクールに娘を連れて行くよう、ダイアンに勧めた。理由は言わなかった。ダイアンが娘と行ってみると、校庭で女子中学生がフラッグフットボールの練習をしていた。ビルはフィールドにいて、男子チームを教えるときと同じだけのエネルギー（とののしり言葉）を注いでコーチしていた。

「女子にもフットボールができることを、娘に見せてくれようとしたのね」とダイアンは言った。「彼はただフットボールを教えていて、相手が女子かどうかなんてことはどうでもよかった。多忙な時間をやりくりしていたのに、それをおくびにも出さなかった」

ビルは大人の女性のチームにアドバイスする時間もつくった。シェリー・アーシャンボーはメトリックストリームのＣＥＯに就任してまもなく、女性ＣＥＯがお互いを支援し指導し合えるグループをつくった。

シェリーはあるときミーティングにビルを招待し、それがとても楽しかったから、以降ビルを呼ぶのが恒例になった。パロアルトにあるビルのオフィスに集まり、その日のテーマについて2時間ほど話し合った。ビルがミーティングを準備し、企画することが多かった。彼は女性は何をすべきだなどと言うことはなく、ただ自分の経験を語り、質問をした。

ほとんどの場合、テーブルを囲むCEOが全員女性だということは、話題にすら出なかったし、とくに意味がなかった。だが多様性のなさが話題に上ったり、誰かが偏見を受けた経験を語ったりすると、ビルはいつも憤慨した。

そして、機会があれば、テーブルを囲む女性同士でチャンスを与え合うようにと促した。だがこれはむずかしいこともある。2017年の「ハーバード・ビジネス・レビュー」の論文によれば、職場でマイノリティに属する人は、同じ属性の人を自分の組織に迎えることを気兼ねするという。特別扱いをしていると思われたくないし、自分の連れてくる人が「及第点」に達していないことを心配するからだ。(7) だからビルは、取締役が必要になったら、まずこのメンバーのなかから探せと、いつもグループに促していた。

シェリーはビルの教えにならい、会社のインド・バンガロール支店で、女性のための多様性プログラムを立ち上げた。支店には1000人を超える従業員がいて、女性の占める割合は30％と、当時のインドのテック企業としては高かった。

しばらくして、事業の状態を確認しプログラムの進捗を知るために、彼女は支店を訪問した。多様性委員会と経営陣を会議室に集めたが、部屋は手狭で、テーブルには全員分のイスがなかった。部屋に入ってくる女性たちはみな、壁際に並べられたイスにすわり、男性は当然のようにテーブルに着いていった。

だがそこでシェリーは彼らを止めて、女性たちにテーブルに着くように、男性たちには外側のイスに移るように指示した。それからミーティングに入った。

話し合いが終わると、シェリーはテーブルではなく壁際にすわるのはどういう気分だったかと、男性たちに尋ねた。変な気持ちで居心地が悪かった、と彼らは答えた。

そうでしょう、と彼女は言った。会議に本当の意味で全員を参加させるには、全員が同じテーブルに着く必要があるのだ。

同じテーブルに着く

勝利できるかどうかは、最高のチームを持てるかどうかにかかっている。

そして最高のチームには、女性が多い。

「最大の問題」に切り込む

経営上の問題を理詰めで解決しようとするアプローチには限界があり、グーグルでも重大な問題になったことがある。聡明で分析力にすぐれた人、とくに私たちのようなコンピュータサイエンスや数学にどっぷり浸かった人間は、どんな問題もデータやその他の具体的な証拠によって解決できると思い込みがちだ。

こういう世界観を持つクオンツ（数理分析専門家）やテッキー（ハイテク技術者）は、人間のチームにつきものの、本質的に厄介で感情的になりやすい緊張を、面倒で理不尽なものと見なし、データ主導型の意思決定プロセスで解決されるものと考える。

もちろん、いつもそんなに都合よくことが運ぶとは限らない。何かが起こり、緊張が生じ、それは自然には解決しない。こうした状況は気まずいから、誰もがなるべく話題に出さないようになる。そのせいで、状況はさらに悪化する。

これがいわゆる「部屋のなかのゾウ」、すなわちあらゆることに影を落としているのに、誰もが見て見ぬふりをする大問題だ。だがエイボン・プロダクツの元CEOアンドレア・

ジュングは「ビルがいる部屋にはゾウがいたためしがない」と言う。より正確に言えば、ゾウはいたかもしれないが、隅っこに隠れてはいなかった。ビルはそんなことを許さず、部屋のどまんなかにゾウを引っ張り出した。

「あれはフットボールの考え方よ」とショーナ・ブラウンは指摘する。「オフェンスラインとディフェンスラインのいちばん弱い部分を見抜こうとする」

ショーナはグーグルにいたとき、ビルと毎週さまざまな事業課題に取り組んだが、その多くが隅に潜むゾウのような問題だった。グーグルはどんなプロセスも追いつかないほど急激に成長していた。ビルのアプローチは、つねに最も困難な問題に真っ先に対処することだったと、ショーナは言う。「何よりも先に、それに取り組まなくてはいけない」

ある問題が長くくすぶりつづけているかどうか、すなわち部屋のなかのゾウかどうかを調べるリトマス試験紙は、チームがその問題を率直に話し合えるかどうかだ。ここでコーチ、またの名を「緊張見つけ人」の出番となる。

もちろん、緊張は「政治」と言い換えることもできる。何かが「政治的」になってきたとは、データやプロセスによって最適解を導くことができなかったために、問題が生じているという意味だ。この時点で駆け引きが始まる。前にも言ったように、ビルはこれにがまんがならなかった。

「政治絡みのものごとはとても毒性が強い」とビルはあるときジョナサンに書いてきた。「われわれグーグルはすばらしいことに、政治的駆け引きとは無縁な大企業になることができた」

ビルは言わなかったが、これができたのは彼自身が最も厄介で醜い問題にコツコツと正面から取り組んできたおかげなのだ。グーグルの元広報責任者レイチェル・ウェットストーンいわく、ビルは問題を明確に提示し、全員をそれに集中させることによって、「その場から政治を叩き出した」。

数年前、別々のプロダクトを担当する二人のリーダーが、あるプロダクト群をどちらが担当するかで揉めていた。どちらの側にも、もっともな言い分があった。当初これは技術的な問題と見なされ、データと論理によって取るべき道がおのずと見えてくるだろうと考えられていた。だがそうはならず、問題はこじれ、緊張が高まった。チームのなかだけでなく、社外の提携先にも悪影響が及びはじめた。誰が事態を収拾するのか？

ビルが介入したのはこのときだ。一方の幹部の勝利ともう一方の幹部の敗北を決める、困難なミーティングを行わなくてはならない。ビルはそれを敢行した。解決されていない根源的な対立を探し当て、対処を迫った。

ビルは問題をどう解決すべきかという明確な意見を持っていたわけではないが、どちらにするかをいま決める必要があることを知っていた。このミーティングはグーグル史上最も白熱したものの一つになったが、遅かれ早かれ行わなくてはならないものだった。

「最大の問題」に切り込む

最大の問題、いわゆる「部屋のなかのゾウ」を探して、部屋のどまんなかに引っ張り出し、真っ先にタックルせよ。

さっさと「不満大会」を切り上げろ

アップルの第2世代iPhone、「iPhone 3G」の発表はトラブル続きだった。この新型iPhoneは、店頭のサーバーに1台1台つないでアクティベートする必要があった。しかし発売開始当日の2008年7月11日の朝、技術上の問題が生じてサーバーが停止したため、iPhoneは買えるのに起動はできない状態になってしまった。

そのうえ旧型（初代）iPhoneのユーザーが、（初めてアップストアに対応した）新しいiOSにアップデートすると、スマホがまったく動作しなくなる不具合が生じた。テッキー用語で言えば、iPhoneが「文鎮化《ぶんちんか》」したのだ。

クパチーノのアップル本部では、エディー・キューとチームが会議室にこもり、対策を練っていた。あれは「大混乱もいいとこ、僕のアップルでの最悪の一日だった」とエディーは言う。「問題の報告が次々と届き、何が起こっていて、何が問題なのかを必死に調べていた。部屋は悲観ムード一色だった。徹夜の行列ができていたのに、1台もスマホを売れないんだ！」

悲観ムードはそれ自体問題だと、エディーは気づいた。「腰を落ちつけて集中し、チームが正しい方向で考えられるようにする必要があった。販売のことを心配するのはやめ、根本的な問題の解決に全力投球しよう、と」

彼らはそれを実行に移した。まず最初にiOSのアップデートを撤回し、旧型iPhoneのユーザーがiOSを更新できないようにした。それからサーバーの問題に取りかかり、約2時間後に復旧させることができた。

ビル・キャンベルはこの状況に直接関わってはいなかったが、彼の教えは効いていた。ビルはいつも問題の全容が、誰にでもわかるかたちで明らかにされていることを確認した。それができてはじめて、次へ進んだ。

「これがビルから得た最大の教訓の一つだ」とエディーは言う。「悲観ムードになったら、ストレスの根本原因を突き止め、それに働きかけろ。ただしそれだけにかかずらっていてはいけない。不満大会を長引かせるな」

心理学者はこの手法を「問題中心型対処法《コーピング》」と呼ぶ。これに対するものが「情動中心型コーピング」〔状況の捉え方を変えることによってストレスに対処する方法〕で、解決が不可能な問題に取り組むときに有効だ。だがビジネスでは、感情への対処と発散は手短にして、問題解決にエネルギーを注ぐ必要がある。(8)

「すべきこと」に集中する

スティーブ・ジョブズが1997年にCEOとしてアップルに返り咲いてから、ビルとアップル取締役会はこの手法を実践する機会が多くあった。

アップルはいまや世界で最も成功し、最も時価総額が高い企業に数えられているため、忘れてしまいがちだが、ジョブズが復帰したころは破産寸前だった。当時のアップルは厳しい状況にあり、またiMacやiPod、iPhone、iPadが成功してからでさえ、非常に困難な問題に何度もぶつかった。

ビルのアプローチは、つねに冷静で前向きな姿勢を保ち、いますぐやらなくてはならないことに集中するというものだ。2008年にアップルの取締役会に加わったアンドレア・ジュングは、これを「前向きな学習《ラーニング・フォワード》」と呼ぶ。何が起こったかでも、誰が悪いのかでもなく、それについてどうするかに集中するのだ。

ビルがこれを実現できたのは、徹底的にポジティブでいたからでもある。ネガティブな状況には伝染性があり、しらけたムードが広がって、前向きな見方がかき消されてしまう。「あのころは厳しい時期が何度もあった」とエディーは言う。「でもビルは取締役のなかで飛び抜けてポジティブだった」

この姿勢をただの応援団長と切って捨てるのは簡単だが、ビルは問題を突き止め対処する姿勢も容赦なかった——これは応援団長のしないことだ。

ポジティブなリーダーシップが問題解決を促すことが、研究からわかっている。ビルはチームやメンバーをほめ、ハグし、肩を叩いて自信を持たせ、安心させた。だからビルがどんなに厳しい質問をしても、彼は自分たちの側に立ち、自分たちの成長と成功を願っているからこそ叱咤《しった》するのだと、みんなわかっていた。ビルはつねに前向きな方法で問題の核心を突いてきた。(9)

これも、職場へのスポーツコーチングの適用である。私たちは職場を離れ、子どものサッカーや野球のチームをコーチするときには、「ポジティブコーチング」や、まずほめてから建設的なフィードバックを与えることの大切さを肝に銘じる。だが仕事に戻ったとたん、そんなことはすっかり忘れて人を叱責する。

部下を遊び場の子どもたちのように扱えということではないが、組織の最上層部にも同じ基本が有効だということを、ビルの手法は示しているのだ。

さっさと「不満大会」を切り上げろ

ネガティブな問題をすべて明らかにせよ。

だがそれにかかりきりにならず、可能なかぎり早く前へ進め。

正しく勝利する

スポーツの世界では、「勝利の文化」や、それを持っている強豪チームがもてはやされる。最も偉大な強豪チームといえば、ボストン・セルティックス（1959年から1966年まで8年連続NBA優勝）やサンパウロのサントスFC（1955年から1966年のあいだに11回優勝）、UCLAブルーインズ男子バスケットボール・チーム（1964年から1975年のあいだに10回優勝）、マンチェスター・ユナイテッド（1992年から2011年のあいだに12回優勝）、サンフランシスコ・フォーティナイナーズとニューイングランド・ペイトリオッツ（ナイナーズは1980年代と90年代に、ペイトリオッツは2002年から2017年までに、それぞれスーパーボウル5回優勝）の名が挙がることが多い。

これに匹敵する記録がほかにもある。14年間で10回のリーグ優勝――これが、ビルがコーチを務めたセイクリッド・ハート・スクールのフラッグフットボールチームが打ち立てた記録だ。

セイクリッド・ハートはアメリカ有数の富裕地区、カリフォルニア州アサートンにある私立校だ。ビルは同校をフットボールの名門校に変えた。彼は生徒に言ったものだ。君たちはアサートンの金持ちの子どもじゃない、セイクリッド・ハートのタフな子どもだと。

コーチングも、会社運営も、「勝利」抜きには語れない。それがすぐれたコーチの仕事だ。ビルはセイクリッド・ハートで教えるときも、中学生だから、名門校だからといって特別扱いはしなかった。そんなことは何の関係もなかった。フラッグフットボールといえどもフットボールであり、フットボールである以上、勝つためにプレーする。

彼はビジネスと同じように、選手にやる気と情熱を、そして何より誠意を求めた。生徒の親から、子どもがサッカーやほかの習い事で練習に遅れますという連絡が入ることがあったが、そんなときは「かまわない、お子さんは活躍するだろう……Bチームで」とビルは返事した。

Aチームには参加させない。彼の選手は誰一人としてフットボールを二の次にしないし、ほかの関心事のために特別扱いを受けることもない。

彼は生徒と同じだけの熱意を自分自身にも、ほかのコーチにも求めた（全員が多忙なビジネスマンのボランティアだった）。秋の毎週火曜と木曜の午後には、セイクリッド・ハートのフットボール場で練習を指導するビルの姿が見られた。

この時間にビルに電話してはいけないことをほとんどの人は知っていたが、例外が少なくとも一人いた。ときたま練習中に呼び出し音が鳴ると、ビルはポケットからスマホを取り出して発信者を確認し、子どもたちにそれをちらっと見せてから、スティーブ・ジョブズの電話には応えずに、またポケットにしまった。

「あの1時間の練習のあいだは、ビルにとって何よりも大切なのは僕らだということに一番シビれた」とある選手は言う。「ビルの全神経が僕らに注がれていた」

（ビルは一緒にいないときも若い選手たちに神経を注ぐことがあった。あるときビルは今度の試合のためのプレーを考えたと言って、練習にやってきた。その日朝からグーグルのミーティング

に出ていた彼は、プレゼンの合間にプレーを考案したのだ）

不誠実を許すな

とはいえ、ビルにとっては「勝利」がすべてではなかった。「正しく勝利すること」がすべてだった。

自分がビジネスの世界に転じたのは、たいしたフットボールコーチではなかったからだと、ビルはよく言っていた（「私の戦績を見ただろう？」）。それはどうだか疑わしい。だが疑いの余地がないのは、ビルが勝利の文化、それも正しく勝利する文化を根づかせる能力に長けていたことだ。

彼がセイクリッド・ハートや、グーグルをはじめ協力したすべての企業に根づかせたのが、この文化である。ヒューレット・パッカードの元幹部で、ビルと多方面で仕事をしたトッド・ブラッドリーによると、彼がビルから学んだ最大の教訓は「勝利の人間性」、つまり（個人としてではなく）チームとして倫理的に正しく勝利することだという。ビジネスであれスポーツであれ、誰の手柄になるかを気にしなければ、とてつもないことをなし遂げられる。

私たちが、ビジネスマンのビルではなく、フットボールコーチのビルしか知らない人たちの話を聞いて感銘を受けたのは、ビルが中学生の選手にも（私たちのような）企業幹部とまったく同じように接していたことだ。

彼は熱意と誠意を求めた。不誠実を許さなかった。悪態をついた（子どもたちは「キャンベル・コーチがののしった」）基金を立ち上げ、ビルがののしり言葉を使うたび、10ドルの寄付を要求した。このお金は同校の新しいフットボール場の建設資金の一部になった）。話に真剣に耳を傾け、脇に呼んですばやく個別に指導した。厳しい言葉と偽りのない愛情をかけた。相手が中学生か大企業の幹部かなど、関係なかった。ビルのやり方はゆるぎなかった。

同じやり方は、一流のフットボール選手にも効果があった。

チャーリー・バッチはビルと同じペンシルベニア州ホームステッドの出身で、二人はホームステッドの支援活動に協力するうちに親しくなった。

チャーリーはイースタンミシガン大学のクォーターバックとしてプレーしたのち、NFLのデトロイト・ライオンズとピッツバーグ・スティーラーズで計15年間活躍した。スティーラーズの本拠地は、ホームステッドから15キロほどの場所にある。

2012年のある試合で、スティーラーズのクォーターバック、ベン・ロスリスバーガーが負傷で欠場したため、チャーリーが代わって先発出場した。試合は思うように進まなかった。チャーリーはインターセプトを3回喫し、スティーラーズはブラウンズに破れてしまった。

敗北の翌週、チャーリーはホームステッドのイベントでビルに会った。ビルはあの指を口から引き抜いてポンと鳴らす仕草こそしなかったが、やってもおかしくなかった。試合を観ていた彼は、チャーリーを叱咤し、気持ちを切り替えて本腰を入れ、責任をもってプロらしくやれ、と檄を飛ばした。チャーリーは彼の剣幕に圧倒されたが、驚きはしなかった。コーチの言う通りだった。

次の日曜、宿敵ボルチモア・レイブンズとの試合で、チャーリーはウイニングドライブ〔試合を決定づける勝ち越しの攻撃〕でパスを5回成功させ、10点差から一転、勝利をもぎ取った。

彼が勝利に沸き返るロッカールームから出たとき、ビルからメールが来た。「言ったろ」

正しく勝利する

勝利をめざせ。
だが献身、チームワーク、
誠実さをもって、つねに正しく勝利せよ。

リーダーは先陣に立て

ダン・ローゼンスワイグは2010年にCEOとしてチェグに加わったとき、あと6か月でIPOと聞いていたが、実状はあと3か月で破産だった。

彼は経営を立て直し、2013年にIPOを成功させたが、その直後に株価が下落し、公開価格を大きく下回った。何年ものつらい日々に疲れ果てたダンは、自信が持てなくなった。この会社は大丈夫なのか？　自分がリーダーでいいのか？　彼は誰にも言わずに辞任を考えはじめた。そんなとき、ダンを数年前からコーチし、チェグの浮き沈みを乗り越えるのを助けてきたビルから電話があった。

「ダンか」と彼は言った。「散歩しよう」

「いまから？　そっちへ行こうか？」

「いや、このまま電話でバーチャル散歩をしよう」

なんだそれは、とダンは思った。そして机の上のフットボールのミニヘルメットと窓の下の中庭の噴水をぼんやり見つめながら聞いた。「どこへ行く？」

「仕置き小屋だ」とビルは答えた。

そしてビルは、チェグで踏ん張れとダンを諭した。リーダーが先陣に立たなくてどうする。迷っている暇はない、本気でやるんだ。失敗するのはいいが、中途半端はダメだ。君が本気で取り組まなかったら、誰が本気を出すというのか。やる以上は全力でやれ。

「僕が辞任を考えていたことを、なぜビルが知っていたのかはわからない」とダンは言う。「でもちゃんと知っていた。そして彼はそれを許さなかった」

ダンは会社を辞めなかった。先陣に立った。まだきちんと機能していたチームを鼓舞し、力を合わせて立て直しを図ったのだ。

苦しいときこそ前に出る

勝利の話をするのは気分がいいし、楽しいことだが、敗北についてはどうだろう？

ビルは敗北についてもよく知っていた。彼はコロンビア大で多くの敗北を喫し、CEOを務めたスタートアップのGOは倒産して、投資家から集めた巨額の資金を失った。※ 失敗

※「ウェブバン様々だ」とビルはよく言っていた。「彼らがあれだけ金を失ってくれたおかげで、GOは忘れ去られた」。ネットスーパーの先駆けであるウェブバンは、個人投資家から4億ドル以上の資金と、1999年のIPOでさらに3億7500万ドルを調達したが、2001年に倒産した。GOが失ったのは約7500万ドルだった。

はすぐれた教師だ。ビルはこうした経験を通して、誠意と献身を保つのは、勝っているときは簡単でも、負けているときはずっとむずかしいことを学んだ。

だがダンの物語で浮き彫りになったように、苦境のときこそ、誠意と献身がとくに必要になる。ものごとがうまく行かないとき、チームは前にも増して、リーダーにこうした特質を求める。

あれはコロンビアで、ビルがとくに手痛い敗北を喫したときのことだ。ビルはロッカールームでチームに罵声を浴びせた。本気で彼らを吊るしあげた。

「あれは私が失ったチームだ」とビルはのちに語った。「私がチームを失ったのは、あの瞬間だった」

彼はチームを鼓舞せず、誠意を示さず、彼らを助ける決断を下さなかった。ただわめき散らした。このときのことを、彼は深く胸に刻んだ。真に敗北した瞬間のことを。

困難な状況では、決断力も重要になる。そのことはGOの最期の日々が示す通りだ。GOの創業者ジェリー・カプランは著書『シリコンバレー・アドベンチャー』のなかで、ビルがある日の午後、幹部の緊急会議を招集したときに訪れた、重要な瞬間のことを書いている。

GOは苦戦を続けていて、売上はゼロに等しく、マイクロソフトから熾烈な競争を挑まれていた。このとき、ビルは結論を出した——GOはこの先生き延びることはないし、ましてや成功することは決してないだろう。彼は会社の売却を提案し、チームはしばらく話し合ってから同意した。

理由は経済的なことではなかった。自分たちや投資家の資金をわずかでも回収しようとして身売りするのではない。自分たちの成し遂げた仕事を守りたかったのだ。

「大切なのはプロジェクトと組織を救うこと、われわれが築き上げたものを守ることだ」とビルは言った。

事業に資金を提供し継続させてくれる大企業に身売りすれば、たとえ自分が失職することになっても、生み出したものを残せるのではないかと考えたのだ。このときビルの誠意は会社よりも、大義に向けられていた[10]。

敗北しているときは、大義に改めて向き合え。先陣に立つんだ。現ネクストドアCEOのニラフ・トリアは、製品レビューサイト、エピニオンズのCEOだったとき、ビルのコーチを受けた。エピニオンズは何度か倒産寸前に追い込まれ、最終的にディールタイムという企業に買収されて、ショッピング・ドットコムの一部として再出発した。

ニラフと取締役会は合併を検討することを決定したとき、経営陣にそれを伝えたところ、主要な幹部の一人（仮にボブと呼ぼう）が怖じけづき、より安定した環境を求めて数週間後にエピニオンズを去ってしまった。

「あれは本当のボディブローだった」とニラフは言う。「心が折れそうになった」

ニラフはビルに電話をかけ、彼が辞めたことを告げた。いまからそっちに行く、とビルは言った。

ビルが来ると、ニラフはチームを集めた。ビルは部屋に入ってくるなり、「君たちを愛している」と言った。「とてもがっかりしていることがある。ボブが辞めたことだ。あいつは裏切った。誠実じゃなかった。苦しいときにわれわれを見捨てた。クソくらえだ」

それだけ言うとビルは立ち上がり、部屋を出て帰ってしまった。

数分後、ニラフにビルから電話があった。「これでもう誰も辞めないだろうよ」

リーダーは先陣に立て

物事がうまくいかないとき、いつにも増して「誠意」「献身」「決断力」がリーダーに求められる。

人々のあいだの「小さなすきま」を埋める

エリックはグーグルのあるミーティングに出ていた。マウンテンビューのグーグル本社で実際に会議に臨席していた人もいれば、エリックのようにビデオで参加していた人もいた。いくつかの問題を話し合っていたが時間がなくなり、問題の一つが解決されないまま終わった。ミーティングの終了間際に誰かがひとこと発言し、エリックはそれを悪いように取った。そしてこのたったひとことのせいで、懸案の問題が思うようにいかなそうだと思い込んでしまった。

発言は彼の心に刺さり、まる1週間のあいだ、彼を悩ませ続けた。そして彼はその相手を言い負かしてやろうと次のミーティングに臨戦態勢でのぞんだ。このときになってようやく、エリックは自分が発言を完全に誤解し、そのせいで状況全体をまちがって理解していたことに気づいた。

この危機は不注意が生んだものだった。コミュニケーション不足と、一見ぶしつけに思える発言のせいで、エリックはありもしない亀裂を生み出したのだ。

これは珍しい話ではない。日常的に起こることだ。とっさの発言や、急いで書いたメールやメッセージが、私たちを現実とはかけ離れた方向に感情的に暴走させることがある。コーチがとくに大きな助けになるのが、そんなときだ。ビルも言っていた。「ちょっとさすっただけで直せるような、組織内の小さなひびに気づくこと」が、コーチとしての自分の役目だと。「耳を傾け、目をこらし、理解やコミュニケーションのギャップを埋めるんだ」

コーチはそうした亀裂が深く永久的に刻み込まれてしまう前に、行きちがいを指摘し、情報のギャップを埋め、誤解を取り除くといった、まちがいを正す行動を取ることができる。

ビルはこのミーティングには関わっていなかったが、もし彼が出ていたなら、エリックはぶしつけに思われたことが本当にそうなのかを、彼に確かめることができただろう。そしてビルは誤解を解き——じっさい、全員の足並みがそろっていた——エリックはあれほど気を揉まずにすんだことだろう。

具体的には、ビルがミーティングに出ていたらどうしたか?

まず耳を傾け、目をこらしたはずだ。これが一般的なコーチの力、すなわち「試合に出ない」からこそ持てる、異なる視点を提供する能力だ(パトリック・ピシェットいわく、「ビルはいつもチェスのすべての駒を目に入れていた。彼自身が『盤上』に乗らない余裕があるからだ」)。ビルはエリックの毎週のスタッフミーティングに参加し、熱心に耳を傾け、参加者のボディランゲージを観察し、雰囲気の変化を察していた。

全員の様子を「俯瞰」する

マリッサ・メイヤーは、ビルの観察力に関してこんな話をしてくれた。彼女はグーグルでコンピュータサイエンス専攻の優秀な新卒を採用するために、「アソシエイト・プロダクト・マネジャー（APM）」という新プログラムを立ち上げた。

ある日、エリックがこう言ってきた。「マリッサ、君は全世界のいちばん利口な23歳を全員雇ったね。でも彼らのせいで、みんなの頭がおかしくなりそうだ。この制度はホームランになるか大失敗になるかのどちらかだ。何とかして彼らをコントロールしてくれ」

マリッサはビルを頼った。助けてくれる？　ビルはAPMのミーティングに顔を出した。超優秀なAPMが集まり、プロジェクトの進捗や問題を報告する夕方のセッションだ。マリッサはミーティングは失敗だと思っていた。だってあまりにも退屈なのだ！　ただ人が集まって状況を報告し、愚痴をこぼしているだけ。

ビルはちがうことを感じ取っていた。ミーティングが終わると、マリッサを脇へ呼んで言った。あいつらは行きづまっているが、君じゃ助けられない。君はグーグルができたころからここにいて、仕事の進め方を知り尽くしているから、あいつらの問題に共感できない。誰か、次のステップを一緒に考えてやれる人を探してくるんだ。あいつらがお互いに助け合える場をつくれ。それで問題を解決できるだろう、と。ビルが正しかったのは言うまでもない。

これは職場での観察がものをいう一例だ。耳を傾け、パターンに目を光らせ、強みと弱みを評価するのだ。リー・C・ボリンジャーもこう言っている。

「ビルには、一緒に働いている人を理解する、絶大な能力があった。人を見抜き、彼らがどんなことにやる気を感じるのか、彼らをどうやって前へ進ませられるかを理解する、直感的なセンスだ」

緊張や、問題から立ち上る「煙」に目を光らせるのが、彼のやり方だった。たとえばエリックのスタッフミーティングでは、ビルはほとんど何も言わずに部屋にすわり、緊張がいつどこで高まるかを感じとるのがつねだった。

グーグルのスタッフミーティングはたいていオープンで透明性が高く、出席者は自分の部署に直接関係のない問題であっても、意見やアイデアを自由にシェアするよう求められる。とはいえ、方針には限界がある。人々のあいだにくすぶる感情を、ビルは見抜いた。

これを行うには鋭い観察眼が必要だ。ただ言葉を聞くだけでなく、ボディランゲージや内輪の話にも注意を払う。私たちが話を聞いた人の多くが、ビルは苛立ちを察するのがとてもうまかったと指摘した。これは生まれつきの能力だが、伸ばすこともできる。耳を傾け、目をこらすのだ。

コロンビアのビルのもとでコーチを務めたジム・ラジャーズによれば、ビルは試合中にフィールドの22人の選手全員の動きを捉える、たぐいまれな才能を持っていた。ジムは人差し指を立て、これを見てごらんと言った。これが、ふつうの人がフットボールを見るやり方だ。この人差し指はボールを持つ選手だ。だがビルはその周辺で起こることをすべて目に入れ、思い出し、分析することができた。

彼はミーティングにもそのスキルを生かした。話し手を見るだけでなく、部屋全体の様子を目に入れ、ボールを持たない人たち、つまりもの言わぬ人たちの反応や意図まで判断することができた。

そして彼は人と話した。あるときグーグルの経営セミナーで、ビルはこう説明した。

「私はそれをする時間がラリーよりは少しある。スンダーよりも少しある。だからスンダーに言うんだ。誰それに会ってほしいかな？　オーケー、じゃあ会おう。それで会ったらこういうことを話すつもりだが、それでいいかな？　よし、じゃあ進めよう。こうして動いたら、少しものごとに弾みがつく。とにかく話を進めることが大事だ」

小さな「声かけ」が大きな効果を持つ

グーグルで広報・公共政策部門を統括していたレイチェル・ウェットストーンは、あるミーティングで自分の望むような決定が下されなかったときのことを話してくれた。

それはエリックのスタッフミーティングで、広報部門の頭痛のタネだった重要な問題が話し合われていた。彼女はしばらく前からある変更を求めていたのだが、思い通りの決定が下されず憤慨した。みんなまちがっている、と彼女は思った。

ミーティングが終わるとビルがそばにやってきた。

いいか、と彼は言った。今回は変更しないことに決めたんだ。残念だし、君たちが大変なのもわかるが、がまんして何とかやってくれ、わかったな？

たいした激励の言葉ではないって？　たしかに彼は「何とかやってくれ」としか言わなかった。でもそれだけで十分なときもあるのだ。君の思い通りに行かなかったなと認め、最悪だと共感し、気を取り直してチームのために辛抱してくれと促す。ビルはいつもそうしたメッセージを伝えた。簡潔で、タイムリーで、とても効果があった。※(11)

緊張を察知する能力は簡単に開発できるものではないが、職場を回って話をすることは簡単にできる。時間と、同僚とうまくコミュニケーションを取る能力さえあればいい。

ビルはレイチェルの苛立ちに気づいたとき、それを見過ごすこともできた。彼女の問題を解決するのは彼の仕事ではない。だが彼は労を執って彼女と話した。小さいが重要な絆を築くためにだ。忙しいと、ちょっとした声かけまでなかなか手が回らないが、ビルはそれを最優先させた。

こうした声かけは、陰でこっそり行われたわけではないが、どこか舞台裏的な雰囲気があった。ちょっと脇へ呼んで一対一でひとことふたこと言うだけで、あとでその話をふたたび持ち出すことはめったになかった。ビルはあえてそうした。

この点は（前線でチームを指揮し非常に目立つ）スポーツコーチとビジネスコーチのちがいだ。デビー・ビオンドリロが言うように、ビルは「影のような存在だった。彼の声は聞こえるけれど、前に立つのは私。ビルは背景にいたからこそ、しがらみに囚われずに、より率直になれた」。

ビルはいつも何の思惑も持たずにこれを行った。たいていはどういう決定を下すべきかは指図しなかった――ただ決定を下せと促した。必要な瞬間を察知すると、舞台裏で動い

※　悪い知らせの伝え方に関する研究のほとんどは、うまく伝えるには共感力がカギを握ることを示している。患者に悪い知らせを伝えなくてはならないがん専門医を対象とした２０００年の研究は、「（共感を示すことによって）感情が一掃される」までは、治療計画の話し合いに進めないと指摘する。

て人々の意見を引き出し、コミュニケーションギャップを埋め、誤解を解いた。おかげでミーティングで議論し決定を下すときには、全員の準備ができていた。

それからビルはゆったりとすわって観察を始め、サイクルを一から繰り返すのだった。

人々のあいだの「小さなすきま」を埋める

耳を傾け、目をこらし、理解やコミュニケーションのギャップを埋めよ。

「親身になる許可」を自分に与える

ビルのチームビルディングの原則を学び、それをマネジャーとして実践する人は、ブラッドリー・ホロウィッツが言うように「親身になる許可」を自分に与えなくてはならない。ブラッドリーはヴィラージュの共同創業者とヤフーの幹部としてシリコンバレーの成功物語をたどったのち、グーグルプラスと、その一機能で本体をはるかにしのぐ成功を収めたグーグルフォトの開発を共同で指揮した。

この間ブラッドリーはビルに何度も会い、彼がいつもミーティングを個人的な話から始めることに感銘を受けたという。君の家族はどうしている？　何が君を駆り立てているのか？　まず絆を築き、その理解をもとに仕事にかかるのが、ビルのやり方だった。

「そういう感情的なことはマニュアルに書かれていない」とブラッドリーは言う。「相手の調子を尋ねるより、自分がいま生み出しているもので頭がいっぱいになるのがふつうだ。でも部下のことを知り、気にかけると、部下やチームを導くのがずっと楽しくなる。気持ちが楽になるんだ」（親身になることがマニュアルに載っていない理由の一つは、２０１３年のジョン・ガーズマとマイケル・ダントニオの著書『女神的リーダーシップ』〈プレジデント社〉によれば、それが一般に女性的特質と見なされているからだという。[12]マニュアルは主に男《マン》によって書かれてきたのだろう！）

ブラッドリーは、グーグルプラスをどうするかを考える任を負ったとき、ビルの教えを実践する機会を得た。

グーグルプラスは、グーグルのＳＮＳ進出として鳴り物入りで発表されたサービスで、広く普及するには至らなかったが、写真管理などの一部の機能はとても人気が高かった。ブラッドリーとチームは、グーグルフォトを独立したサービスとして分離する計画を立て、幹部の了解を得て仕事にかかった。

問題は、グーグルプラスの開発に関わった腕利きのエンジニアとプロダクトマネジャーのほとんど（幹部を含む）が、すでにチームや会社を去っていたことだ。チームに残った人材の多くは、これほどの規模のプロジェクトを指揮した経験がなかった。

ブラッドリーとチームは、プロダクト・マーケット・フィット（ＰＭＦ）が達成間近であること――つまり、グーグルフォトが写真好きのモバイルユーザー（＝ほとんどの人）に適切なタイミングで提供されるべき適切なプロダクトであること――を知っていた。だがこのチームにそれを提供し、成功できる能力はあるのか？

ブラッドリーはビルの手法を取り、「親身になる許可」を自分に与えた。戦術や技術の問題よりも、チームの問題に優先的に時間を割いた。チームメンバーを人間として知り、気にかけ、鼓舞し、檄を飛ばし、なだめすかし、彼らが重要なマイルストーンを達成しはじめると、勢いを持続できるよう後押しした。問題ではなくチームに集中し、チームはそれに応えた。自由を与えれば与えるほど、リーダーたちは率先して動きはじめた。

プロジェクトが本格的に軌道に乗り始めたころ、チームの中心的なテクニカルリーダーの一人が、話があると言ってきた。自分はよい仕事をしている自負があると言い、いまは別のリーダーと分担している権限と責任を拡大してほしい、さもなければとてもよいオファーをくれたフェイスブックに行くという。

ブラッドリーが決断するのにそう長くはかからなかった。彼が親身になって育てたチームのほうが、一人のメンバーよりずっと大切だった。「君はフェイスブックに行くことになるだろうな」と彼は言った。

「親身になる許可」を自分に与える

メンバーのことを知り、気にかけると、チームを導くことはずっと楽しくなり、チームは実力を遺憾なく発揮できる。

ビル・キャンベルはこれらのテクニックをすべて実践した。採用を重視する（適材を選ぶ）ことから、女性を活用する（同じテーブルに着く）、誤解を小さいうちに解く（ギャップを埋める）、部下が大成できるように手助けすることまでのすべてだ。

ビルの教えの真髄は、ほとんどのスポーツコーチングの真髄と同様、「チーム・ファースト」だった。スタープレーヤーから2、3番手のプレーヤーに至るまでの全員が、個人の利益よりチームの利益を優先させる覚悟を持たなくてはならない。こうした熱意があればこそ、チームは偉業をなし遂げられる。

だからビルは問題に直面すると、問題そのものではなく、問題をまかされたチームについて考えたのだ。チームをよい状態に持っていけば、必ず問題をうまく解決することができる。

Chapter

5

パワー・オブ・ラブ

ビジネスに愛を持ち込め

2003年2月、ブラッド・スミスはインテュイットに新しい幹部として入社したばかりだった。彼の採用をめぐっては、ちょっとした騒動があった。ブラッドがインテュイットに入社するのは競業避止義務違反だとして、前の会社に抗議されたのだ。問題を解決するためにかなりの時間と弁護士の助け、そして費用がかかった。

ブラッドはほとぼりが冷めてから入社し、それからしばらくして社内のリーダーシップ会議が開かれた。世界中の幹部が集まって、会社の計画について話し合い、親睦を深めるための集まりだ。ブラッドにとっては新しい同僚たちと会い、顔を覚えてもらう絶好の機会になる。

会議の初日の朝、コーヒーを片手に友人や同僚たちと積もる話をする人々の合間をぬって、ブラッドは会場を歩きまわり、握手や挨拶を交わしていた。すると突然うしろから誰かに羽交い締めにされた。

「そうか、君が私に大金を使わせたクソ野郎か。それだけの働きをしてくれるんだろうな！」が、ビル・キャンベルがブラッドにかけた最初の言葉だった。実際には、「クソ野郎」よりさらにひどい言葉を使ったのだが。

新しい同僚をハグと悪態で歓迎せよ、などと勧めるつもりはない。私たち自身も握手やふつうの言葉での挨拶を好んでいる。人それぞれのやり方があり、ビルの場合はハグと悪態だったというだけのことだ。それより大事なのは、それがビルにとって、またそれを受ける側の私たちにとってどんな意味があったかだ。

ビルのハグと悪態のスタイルが受け入れられたのは、彼の行動のすべてが心の奥底から、愛情から出たものだったからだ。いや、「受け入れられた」というのはちょっとちがう。誰もがビルのハグと口汚いののしりを楽しみにしていた。なぜならそれは「君らを愛している」という意味だったのだから。

そう、愛だ。断っておくが、ここで言う愛とは完全に精神的なものだ。ビルは決して一線を越えたり、それに近いことをしたりはしなかった。ほとんど誰でもハグし、ハグできるほど近づけないときは投げキッスをした。取締役会やエリックのスタッフミーティングの最中にも、ウインクして投げキッスをするのだ。彼のハグとキスの意図を、誰もが一点の曇りもなく理解していた。君らを気にかけている、愛している、と伝えるためだ。

存在をまるごと受け入れる

温かさと有能さのあいだには、互いを打ち消し合う「相殺効果」があることが、研究によって示されている。一般に人は、温かい人は能力が低く、冷たい人は能力が高いと見てしまうことが多い(1)。

もちろん、ビルはこれにあてはまらなかった。グーグル共同創業者のセルゲイ・ブリンが言うように、「彼は明晰な頭脳と温かいハートを併せ持つ、希有な存在」だった。

だがジェリー・カプランは初めてビルに会ったとき、ビルをただの「たくましい、凶暴そうな中年男」だと思ったと、著書に書いている(2)。つまり、人の上に立つには温かい心をもって導くべきだが、その場合は、有能だという評判を築くために少しだけ余分に努力する必要があるかもしれないということだ。

「愛」とは、ビジネスシーンではあまり聞かれない言葉だ。アイデアやプロダクト、ブランド、計画、あるいはカフェテリアの本日のデザートなどを愛していると言うことはあっても、人にはあまり使わない。

私たちはみな、ビジネス環境には私情を持ち込まないように教えられてきた。情熱にあふれた人を雇いたいのはもちろんだが、仕事の面での情熱に限る。でないと弁護士や人事担当者が心配する。その結果、私たちは人間の部分と仕事の部分が完全に分離した存在として、日々をすごすことになっている。

だがビルはちがった。彼は人間の部分と仕事の部分を分けず、どんな人もまるごとの人間として、つまり仕事とプライベート、家族、感情など、すべての部分が合わさった存在として扱った。そして彼らの一人ひとりをひたむきに、心から大切にした。

「ビルがうちのオフィスに来ると、パッとにぎやかになった」と、ベンチャーキャピタル、ベンチマークのビル・ガーリーは言う。「一人ひとりに名前で呼びかけ、ハグしてまわった」

ハグと挨拶が終わると、家族や旅行、友人の話をした。ビルはチームのコーチであり、人間を愛した人だった。どちらか一方だけではダメなのだと、彼に教えられた。このことも学術研究によって裏づけられている。ビルが示したような「慈愛」（思いやりと慈《いつく》しみ）に満ちた企業は、従業員満足度とチームワークが高く、欠勤率が低く、チームの成績が高

いことが示されている。(3)

先にジェシー・ロジャースの物語を紹介した。彼が新しい会社を立ち上げたとき、ビルが電話をかけてきて、ウェブサイトがクソだと叱りつけた話だ。ジェシーは泣き笑いしながらこの話を語り、それから私たちがこのインタビューで何度も聞いたことを口にした。あの罵倒、あのくだらないウェブサイトへの叱責は、「愛ゆえ」の言葉だったのだと。

「男性の愛情は、あまり話題にされることのない概念だ。彼が僕らをどやしつけるのは、僕らのことを愛していて、大切に思い、成功を願っていることの証だった」

イーベイの元CEOジョン・ドナホーは、ヒューイ・ルイス&ザ・ニュースの名曲「パワー・オブ・ラブ」に敬意を表して、これを「愛の力」と呼ぶ。「彼は愛を伝える独特の方法を持っていた。おまえはクソったれで、もっとできるはずだと言えるライセンスを持っていた。……ビルは自分のことはどうでもよかった。彼の口から出てくると、本当のことでも傷つかなかった」

私たちがビルから学んだこと、それは「愛してもいい」ということだ。チームメイトは人間であり、彼らの職業人の部分と人間の部分のあいだの壁を破り、愛をもってまるごとの存在を受け止めるとき、チーム全体が強くなることを学んだ。

ビルの場合は、まるごとの存在を文字通り抱き止めた。

ビル節《ぶし》ベスト10

ビルは「君を愛している」と伝える独特の方法を持っていた。次に挙げるのは、ビルのコロンビア時代の友人でチームメイトだったテッド・グレゴリーが選ぶ、ビル節ベスト10だ。ビルの追悼式で配られたプログラムの裏に印刷されていたものだ。

10位 そのシャツ、洗って燃やしちまえ

9位 突っ立った棒きれみたいに役立たずだな

8位 当代きっての大バカだ

7位 ぼんくらめが

6位 40ヤード走5秒フラットで崖から飛び込め

5位 なんだその足みたいな手

4位 ただ飯を逃したな

3位 私がえらく見えるほどアホなやつ

2位 しくじるなよ

1位 お前のケツから頭を引っ張り出す音だ

「やさしい組織」になる

「人を大切にするには、人に関心を持たなくてはならない」。これは私たちがビルとの会話で何度か聞いた言葉だ。何かの古い名言のようだが、そうではない。少なくともネット検索では見つからなかった。よって私たちはここに著作権を主張する――「人を大切にするには、人に関心を持たなくてはならない」!

会社の最も重要な資産は人だとか、人材第一だとか、従業員が大事だといったことは、企業の建前としてはよく聞かれる。必ずしも口先だけのものではなく、実際に人材を大切にしている企業や幹部がほとんどだ。ただ、まるごとの存在を大切にしているわけではないかもしれない。

ビルは人を大切にした。どんな人にも敬意をもって接し、名前を覚え、温かい言葉をかけた。彼らの家族のことを気にかけ、言葉より行動でそれを示した。

ジェシー・ロジャースの娘はビルのことが大好きで、ビルは彼女に会うといつもハローの大きなハグをした。ルース・ポラットがグーグルCFOに就任して、ニューヨークの自宅と職場を行き来するようになったとき、ビルがいちばん心配していたのは、彼女の夫がそのことをどう思っているかだった。彼は納得しているのか？　私に手伝えることはないか？

「私というまるごとの存在を気にかけてくれた」とルースは言う。「ビルとは、そういうことをよく話した」

スンダー・ピチャイによると、毎週月曜のミーティングで、ビルはまずスンダーの家族や週末について尋ね、自分の話をしてから、本題に入った。

「僕はやることがたくさんあって、いつもバタバタしてミーティングを始めたが、ビルと時間をすごすと、ものごとを大局的にとらえることができた。いまやっている仕事も大事だが、つきつめれば本当に大切なのは自分の生き方と家族なのだと気づかせてくれた。いつもよいリセットになった」

ビルとする家族のムダ話は、まったくムダではなかった。それは忙しい一日の息抜きになり、仕事と家庭の葛藤を一時的にでも和らげてくれた。

ビルの気づかいは幹部だけに向けられたのではない。ミッキー・ドレクスラーはアップル取締役だったころ、クパチーノのアップル本社でミーティングがあるときはいつも、スタンフォード・ショッピングセンターにあるJ.クルーのストアに立ち寄り（彼はJ.クルーのCEOだった)、そこで店員に「あなたのお友だちのビル」が買い物に来たときのことをしょっちゅう聞かされた。

ビル・キャンベルはストアの人気者だった。店員の名前を覚え、いつも温かい言葉をかけ、全員に敬意をもってわけへだてなく接した。「店員に対しても、アップル取締役に対してと同じようにふるまっていた」とミッキーは言う。「大切なことを学んだよ」

同僚の家族に興味を持つ

べつに珍しくもない話だって? 誰だって同僚と会えば、家族のことを尋ねるだろう。だがビルがほかの人とちがっていたのは、これは多忙なビジネスの日常ではなかなかできないことだが、彼が家族と実際に知り合ったという点だ。

彼は通りいっぺんの「お子さんは元気か?」の質問からさらに踏み込んだことを尋ねて、家族と親しくなることが多かった。ジョナサンの場合でいえば、ただ家族の様子を尋ねるだけでなく、娘のハンナが最近のサッカーの試合で活躍したか、大学はどこを考えているのかを聞いて、彼女がどこの大学に合っているかという具体的なアドバイスまで与えた。またイベントで家族に会えば、ほかのみなと同じようにハグした。

ビルはキャリアの初期にこの習慣を身につけた。ブライトウッド・キャピタル顧問のマーク・メイザーは、「キャンベル・コーチ」にコロンビアのキッカーとしてスカウトされた1970年代末から、彼のことを知っている。

ビルはスカウトのためにメイザーの実家を訪れた際、メイザー家は母親が強い家庭であることをただちに見抜いて、マークの母親に息子さんの面倒は自分が見ると約束した。マークは翌年、1年生のときに利き足の膝を痛め、そのシーズンはおろか、二度とライオンズでフィールドゴールを蹴ることはかなわなくなった。

するとビルはマークの母に電話をかけて、約束はまだ有効だと伝えた。これからもマークの面倒を見るし、プレーできなくなっても学資援助は打ち切られないと請け合った。大学代表チームのコーチ、ましてやヘッドコーチが1年生に関わり合うことはめったにない。だがビルはそれを行い、二人はビルが亡くなるまで親しくつき合った。ビルがマークと彼の家族に誠意を尽くしたからこそだ。

ビルはマークの母としたようなリクルートに関する話し合いを通して、組織が選手を大切にしていることを家族に理解してもらうことの大切さ（またその逆も同様）を学んだのだろう。ネクストドアCEOのニラフ・トリアは、ビルと仕事をしはじめたとき、まだ26歳だった。知り合って間もなく、ビルに父親の電話番号を聞かれた。

あとでニラフが父親にビルとの会話はどうだったか聞くと、「よかったよ」と父は答えたが、「くわしいことはお前に話すなと、ビルに口止めされている」と言った。ビルはただニラフに家族のことを尋ねただけでなく、実際に家族と親身に話したのだ。

とはいえ、ビルはいつもそうしていたわけではない。フットボールを離れてからは、親とまで話をすることはほとんどなかった。だがビルが相手の家族を気づかい、ただ元気かと尋ねるだけでなく、実際に面倒を見たケースは数知れない。ときには（たとえば26歳で父を失ったエリックなどの）父親代わりになることもあった。

エリックと同様、早くに父を亡くしたオミッド・コーデスタニは、ビルを「広い心と知恵を持つ」父親的存在と仰ぐようになった。オミッドはツイッターの取締役会長を引き継いだとき、インテュイットで会長を経験したビルに、会長の職務について相談したが、ほとんどの時間を家族の話をして過ごした。二人はそうした大事なことを話し合ってから、ようやくツイッターのことを話しはじめた。

病床のジョブズとの絆

また大変なとき、ビルはいつも家族に手を差し伸べた。ビルの親友で、アップルとGOで一緒に働いたマイク・ホーマーがクロイツフェルト・ヤコブ病に倒れたとき、ビルはグーグルなどでの仕事よりもマイクのことを優先し、彼の家に足繁く通って、できるかぎりの方法で彼を助けた。また介護士たちの名前を覚え、必ず声をかけた。

「マイクが家族や友人にどんなに深く愛されているかを、ビルは介護士たちにわかってもらおうとした」とマイクの妻のクリスティーナ・ホーマー・アームストロングは言う。「そうすれば彼らが全力で介護してくれると思ったのね」

スティーブ・ジョブズががんに冒されたときも、ビルは家だろうとオフィスや病院だろうと、スティーブのいるところに毎日足を運んだ。

アップルで長年マーケティング責任者として活躍しているフィル・シラーは、ビルとスティーブの両方と仕事をし、親しい仲だった。「友人がケガや病気をしたり、何か助けが必要になったら、何を置いても駆けつけるんだと、ビルは教えてくれた。それがやるべきことだと。ビルはそうした。とにかく駆けつけるんだ」

気づかいと思いやりは、組織にとてつもない影響をおよぼすことがある。

ビルがインテュイットCEOだったとき、チームリーダーの一人、マリ・ベイカーが東海岸へ出張中に病気になり、入院した。これを聞きつけたビルは、マリの夫が彼女に付き添い、連れて帰れるように、ジェット機をチャーターした。

ちょっと聞くと、ただの大盤振る舞いのようだが、こうした行動はリーダーの会社全体に対する献身を示し、社員の忠誠心の高まりという見返りをもたらすことがある。(4)

個々のやさしさが組織のやさしさになる

メキシコのカボ・サンルーカスでエルドラド・ゴルフ&ビーチクラブを経営するマーク・ヒューマンは、クラブの従業員に関して似たような話をしてくれた。ビルはエルドラドに別荘を持っていて、そこで休暇をすごすうちにマークと親しくなった。

マークがビルと出会ったのは、彼がまだ20代の若いマネジャーだった時分で、ビルはそれ以来いつも彼に声をかけ、ハグし、元気が出る言葉をささやいてくれたという。そのことはマークの心に深く刻み込まれた。

「時間を取ってバラの香りをかぐんだ。バラとは従業員だ」とビルは教えた。「誰もが仕事以外のことを君と話したがっている、それを忘れるな」

あるときクラブの若い男性従業員が、宿泊客の世話をしているときに大ケガをした。マークは彼が必要な治療を受けられるように、サポートグループを立ち上げた。その従業員はいま学業を終え、クラブの仕事に戻ろうとしている。

またマークたちは年度末の社員パーティを特別な機会にしようと骨を折った。パーティでは地位やキャリアに関係なく、全社員がドレスアップして踊った。マークのクラブの離職率がカボのほかのリゾートに比べて低いのは、彼がビルに心服して生み出した文化のおかげでもあると、彼は考えている。

思いやりを示すことはただ立派というだけでなく、ビジネスにもよい影響がある。2004年の研究によれば、ビルやマークが示したような個別の思いやりは、チーム全体がチームメンバーの痛みに気づき、感じ、反応することにつながり、「組織としての思いやり」になる。

これが起こるのは、ビルやマークのようなリーダーが率先してメンバーを助けることによって、組織がそうした共感を「正当化する」ときだ。トップは思いやりのきっかけをつくることができるのだ。[5]

私たち自身はといえば、ビルが人を愛した方法をそのままままねようとはしていない。部下をハグしたり、家庭生活に深く立ち入ったりはしないし、ましてや彼らの父親に電話をかけたことなどない！　ビルのように生まれつき大きなハートの持ち主でなければ、まねようったってそうはいかない。大事なことなので繰り返そう、まねする必要はない！

とはいえ、ほとんどの人は同僚のことが好きなはずだ。彼らのことを気にかけてはいるが、「無害化」した感情だけを職場に持ち込み、それ以外のすべては会社の入り口に置いてきてしまう。

だがビルはその逆をしろと教えた。思いやりを職場に持ち込め！　家族について質問し、彼らの名前を覚え、さらに質問をし、写真をじっくり眺め、なにより、気にかけるんだ。

「やさしい組織」になる

人を大切にするには、人に関心を持たなくてはならない。
プライベートな生活について尋ね、家族を理解し、大変なときには駆けつけよ。

立ち上がって「応援」する

想像してほしい。ときは2000年代のいつか、あなたはアップルの取締役会に新しいプロダクトをお披露目しようとしている。部屋に入ってきたあなたはたぶん緊張しているだろう。スティーブ・ジョブズがいて、アル・ゴアがいて、そのあいだにビル・キャンベルがすわっている。

あなたはプロダクトの説明を始める。それは新型のiPadやiPhoneかもしれないし、最新のＭａｃＯＳかもしれない。まずはプロダクトのリリース時期について説明し、一息ついてからデモを始める。

手拍子《てびょうし》が聞こえてくるのは、だいたいこのころだ。

「ビルは手を叩いて声援を送り、両手でガッツポーズをして、大騒ぎした！」とフィル・シラーは回想する。「彼はプロダクトに感情で反応した。無味乾燥で退屈な、収益しか頭にない取締役のリアクションじゃない。席から立ち上がって、感情を爆発させたんだ」

これはプロダクトを認めているというよりは、チームを認めているような印象を与えた。

「いつもおじさんか父さんに認められ、評価されたような気分になった」とフィルは言う。

「これがビルから学んだいちばん大きなことの一つだ。ぼやぼやするな、立ち上がってチームを応援しろ、あいつらのやっていることに愛を示せと」

「ビルが役員室に持ち込んだものはすべて、彼の心の特別な場所から来ていた」とディズニーＣＥＯでアップル取締役のボブ・アイガーは言う。だがあの熱狂には、チームへの愛を示す以外に、もう一つ目的があった。

「彼が手拍子を始めると、反対しづらくなった」とボブは指摘する。「手拍子はビルだけじゃなく、取締役会全体から来ているように思えた。あれは彼なりの応援の仕方であり、ものごとを前進させる方法でもあったんだ」

ボブがそう言うのを聞いて、私たちの頭のなかに小さな電球が灯った。あれは本当にビルらしかった。そうだ、彼がやっていたのはまさにそれだった！　短い熱狂的な手拍子というたった一つのジェスチャーによって、君らの仕事を愛しているとチームに伝え、全員の背中をバンと叩き、なおかつ進み続けろと促したのだ。

あのしゃがれ声の応援は、ビルの賛同を伝えるだけでなく、部屋にいる全員に弾みをつけた。なんとすばらしいテクニックだろう！

アイデアを評価する「５回の手拍子」

グーグルのＶＲ＆ＡＲプロダクト責任者クレイ・ベイヴァーも、似たようなことが起こったと話してくれた。２０１５年４月、クレイはグーグルの経営陣向けのプロダクトレビューで、新しいＶＲヘッドセットとＶＲカメラを発表した。新製品の説明をしてから、クレイは低価格ＶＲビューアのグーグル・カードボードを全員に配り、この機器のために開発した新しいアプリの使い方のデモを始めた。

アプリはエクスペディションという名で、これを使えば教師がクラスを世界中の名所にバーチャル社会科見学に連れていけるというものだ。つまりデモではクレイが「教師」役、幹部が「生徒」役になる。クレイがちょっと気後《きおく》れしていると、突然部屋のうしろのほうからビルの大きな手拍子が聞こえた。

「パーカッションみたいだった」と彼は言う。「身振りで示すびっくりマークのような」。ひとしきり拍手するのではなく、大きな手拍子を5回だけ。「あれで緊張がほぐれた。君らがやってることはクールだぞ、と声をかけてもらったような気がした。あれが呼び水になって、部屋の全員が盛り上がった」

こんにちクレイは「ビル・キャンベル手拍子《クラップ》」(BCC)をチーム文化に取り入れている。誰かがミーティングで何かよいことを発表すると、全員で大きな手拍子を5回するのだ。職場で突然どこからか手拍子が聞こえてきたら、「あのBCCは何のため?」とみんなが聞く。

クレイは新しいチームメンバーの研修でもBCCを教え、オリエンテーションでは練習までさせている。彼のチームの人員は現在数百人で、その全員がビルのパーカッションみたいな手拍子をマスターしている。

立ち上がって「応援」する

部下と彼らの成功を派手に応援せよ。

つねに「コミュニティ」に取り組め

1985年1月の第19回スーパーボウルは、ビルの自宅から歩いて行ける距離にある、パロアルトのスタンフォード・スタジアムで行われた。

このスタジアムは1921年に完成した古い巨大な屋外競技場で、木製のベンチシートが設置され、一日中すわって観戦した観客※がお土産の木くずをおしりにつけて帰ることで有名だった。

そんなわけで、スーパーボウルが町にやってきたとき、ビルとアップルのマーケティングチームは商機を見出した。スタジアム中の8万席を超えるシートに、アップルのロゴを片面に、スーパーボウルのロゴをもう片面に入れたクッションを取りつけたのだ。

試合が自宅の裏庭のような場所で行われるとあって、また数万人のファンのおしりを守ることに個人的な責任を感じたため、ビルはすわり心地をみずから試しにいくことにした。家に呼んだ仲間と連れ立って、途中でスティーブ・ジョブズを誘い、スタジアムまで歩い

※ 1970年代末には、ジョナサンとアランという地元の子どもたちも観戦していた。

ていった。肌寒く霧深い一日だったが、すばらしい試合になった。フォーティナイナーズがマイアミ・ドルフィンズを破り、彼らは大いに楽しんだ。

これが仲間とのスーパーボウル観戦の始まりとなり、それ以降、毎年試合観戦のために集まった。ビルがチケットと交通手段を確保し、コロンビア時代のビルのチームメイト、アル・バッツが宿を手配した。

オリジナルメンバーはビルとアルのほか、コロンビア仲間のジョン・シリリアーノとテッド・グレゴリーだったが、その後拡大して、ドナ・ドゥビンスキー、ビルの弟ジムとその娘ルネの夫婦、アルの息子デレク、デイブ・キンザーと妻ノーマと4人の子どもたち、スパイク・ブルーム（コダックとアップルでのビルの友人）とその息子、ビルの息子ジムと娘マギーのキャンベル兄妹とその友人たちが、入れ替わり立ち替わり参加した。

スーパーボウルの開催地に木曜か金曜に到着し、ゴキゲンなバーを見つけて仮設本部にして、キックオフまでの時間つぶしに、アルいわく「くだらないジョークや悪態を交わし、笑い、ときには深い話をして」すごした。

ある年チケットが余ったので、ビルはダフ屋から安いチケットを買おうとしていた子どもたちにただであげた。なぜそんな高いものをくれてやるのかとダフ屋が口を挟むと、ビルは「だって楽しめるだろ」と答えた。別の年、直前に二人のキャンセルが出ると、ビルは前夜にみんなで食事をしたレストランのウェイトレスを招待した。二人は大喜びで応じた！

「スーパーボウルはビルにとって大切だった」とアルは言う。試合ではなく、仲間がだ。「友人たちや、彼らと交わすやりとり、仲間同士のやりとりは、ビルにとって大きな意味を持っていた」

ビルは生前、自分がいなくなってもツアーの伝統を続けてほしいと望み、基金を設けた。奨学金の基金はよく聞くが、スーパーボウル観戦ツアーの基金だって？　それがビルだった。彼はこの伝統を続かせることに本気だったから、あと10年は優に続けられる資金を遺した。

ビルの企画したツアーはこれだけではない。まず毎年の野球観戦ツアーでは、パイレーツの本拠地ピッツバーグでのホームゲームを観戦し、ホームステッドに立ち寄ってから、東部でもう2試合ほど観戦した。また「イップスとサルサ」と銘打った、カボ・サンルーカスへのゴルフツアーがあった。毎年のカレッジフットボール殿堂式典ツアーがあった。それにビルが発起人となったチャリティイベントが行われるモンタナ州ビュートへの毎年の釣り旅行があった。

彼はこのそれぞれにお金を遺し、自分がいなくなっても友人たちがツアーを続けられるようにした。

故郷のホームステッドでは、旧友たちが定期的に集まれるように、高校の同窓会を後援した。セイクリッド・ハートのコーチになる前も、試合後にイベントを企画して、選手の家族が集まってビールやジュース、ハンバーガーを飲んだり食べたりしながら、試合を振り返って話ができるような場を設けた。

ビルは誰にも決して支払いをさせなかった。ボストンカレッジでのアシスタントコーチ時代、お金がなくて付き合いに顔を出せないコーチがいたことを忘れなかったのだ。ふところ事情のせいで参加できない人が出ないように、いつもビルが勘定を持った。

これらすべてのツアーに共通するテーマは何だろう？　コミュニティだ。ビルは本能的にコミュニティをつくった。人々が絆で結ばれるとき、集団はずっと強くなれることを知っていたのだ。

ざっくばらんな集まりをつくる

コミュニティ愛が高じて、人の集まる場所にも投資した。１９６４年開業のスポーツバー「オールド・プロ」は、もとはパロアルトのエルカミノ・リアル大通りとページミルロードの角に立つ、由来不明の古びたスチール製のプレハブ内にあった。

ビルは1990年代にインテュイットの仲間たちとここに通いはじめ、2000年代半ばにバーが立ち退きを迫られると、オーナーのスティーブとリサのシンチェク夫妻を支援して、パロアルト市街地のしゃれた場所に店を再オープンさせた。

金曜の午後はたいていこの店にいて、週末パーティを開いていた。いつもたっぷりの食べ物とビールを前にいろいろな人が集まり、新顔が来るとビルは寛大な精神で全員に紹介してまわり、その人のいちばんよいところや最高の業績を強調した。

参加のルールはただ一つ。何のもくろみも持たずに来ることだ。「ネットワークづくり」や取引の話をするためにオールド・プロに来る人は誰もいなかった。

ビルはここのざっくばらんな雰囲気が気に入っていた。堅苦しいことは抜きで、楽しい昔話や真面目な話をしながら、ありのままの自分でいられる場所だ。オールド・プロは、彼が生み出した多くのコミュニティを物理的なかたちにしたものだった。いまもパロアルトの人気スポットだ。

ビルのコミュニティづくりの物語に、バーは繰り返し登場する。ビルがボストンカレッジから名誉学位を授与されたときのことを、フィル・シラーが話してくれた。この大学はビルがコロンビアのヘッドコーチになる前にアシスタントコーチをしていたところだ。

フィルはここの卒業生で、学位授与式にも出席した。式のあと、ビルはフィルを誘ってキャンパス近くの人気バー、メアリー・アンズに行くと、今日のバドライト（ビルのお気に入りのビール）は全部自分のおごりだと、バーテンダーに伝えた。それも仲間だけでなく、すべての客の分だ。

この日は卒業式だったため、まもなくバーは誇らしげな親と卒業生たちでいっぱいになり、誰もが冷えた一杯と往年のフットボールコーチの力強いハグで歓迎された。

「社会関係資本」を生み出す

コミュニティづくりは、前章で取り上げたチームビルディングに通じるものがある。ビルにとって、すべては大きな構想の一環だった。チームやコミュニティができあがれば、チームメンバーの絆が何よりも大切なものになる。そしてその絆は、お互いやチームを思いやることから生まれる。

ビルが仲間と行ったどの旅行も、目的は旅そのものではなく、コミュニティをつくることにあった。仲間を長く続く絆で結びつけ、社会学者の言う「社会関係資本」を生み出すための旅行だった。(6)

コロンビア時代にビルと出会い、生涯の友になったジョン・シリリアーノも言う。「ビルはコミュニティのみんなから力をもらっていた。彼らがコミュニティに参加して生み出すエネルギーをもらっていた。コーチした相手たちからもだ。その意味で、彼はまるで自家発電のように、自分の力で元気になっていたんだ」

ビルは幸運にも、かなり贅沢なコミュニティをつくる余裕があった。毎年スーパーボウル観戦ツアーを主催したり、スポーツバーを買いとるなんて、ふつうの人にはできない！だが社会関係資本を生み出す方法は、ほかにもたくさんある。私たちが話を聞いた人たちの多くが、ビルは人と人を結びつける達人だったと指摘している。

ビルと話していると、彼はそのことなら誰々と話すといいから紹介しようと言い、何分もしないうちにメールが届くという具合だった。

彼は気まぐれや暇つぶしにこれをやっていたのではない。そのつながりが双方にとってプラスになるかどうかをすばやく計算していた。こうしたつながりは、コミュニティの何たるかをとてもよく表している。

オールド・プロでの集まりもそうだ。彼はピッチャー数杯分のビールで、毎週のように人を集めていた。コミュニティづくりは、お金をかけなくてもできるのだ。

この原則は、ビジネスシーンよりも人付き合いの場で考えたほうがわかりやすいかもしれない。ビルはコミュニティづくりの話をしたことは一度もなく、いつもチームについて話した。だが私たちは彼のコミュニティ活動を間近に見て学ぶことができた。真の心の絆を育め。それこそがゆるぎないもの、チームを本当に強くするものだ。

つねに「コミュニティ」に取り組め

仕事でも仕事以外でもコミュニティをつくれ。

人々が絆で結ばれるとき、チームはずっと強くなれる。

人を助けよ

グーグルの草創期からのメンバー、スーザン・ウォジスキは、長年にわたりビルとよく話した。数年前ユーチューブのCEOに就任したスーザンは、ある重要なテクノロジー・メディア会議に参加しようと思った。

ユーチューブは世界有数の動画共有サービスであり、メディア・エンターテインメント業界の有力プレーヤーでもある。それなのにスーザンは招待状を確保できなかった。いろいろなつてを頼ってみたが徒労に終わった。スーザンがビルとの1on1でこのことをこぼすと、彼はののしり言葉をまくしたて、「まったく腹が立つ！」という意味のことを言った。「君が出なくてどうする！」。ミーティングはそこで終わり、翌日スーザンの受信箱に会議の招待状が届いた。

ビルはスーザンのために一肌脱いだ。何本か電話をかけて、招待状を手に入れてやった。ごく簡単なことのように見えるが、会社では意外にも人助けはめったに行われない。

私たちも長年のあいだに二度ほど同僚に頼みごとをする機会があった。大きな頼みではないが、手続きを飛ばしたり、小さなルールを曲げたりする必要があった。誰も傷つかないことで、じっさい、メリットだけを考えれば絶対的に正しいことだった。それでも頼みは聞いてもらえなかった。「すまない、それはできない」がお決まりの返答だ。「わかるだろう、手続きがあるから……」

ビルなら「クソくらえ」と返しただろう。彼は人の頼みを聞くことを信条としていた。彼は寛大で人助けが好きだったから、ユーチューブのCEOを絶対に出るべきイベントに出席させるためとあれば、何のためらいもなく友人に頼んだ。

彼が手を貸したのは、仲間の幹部たちだけではない。たとえばビルはジョナサンの事務スタッフのチャデという若い女性と知り合い、ジョナサンがごくまれにビルをオフィスの外で待たせたときに、二人でおしゃべりをしていた。

ある日ビルが最近どうしているのかと聞くと、チャデはＬＳＡＴ（法科大学院適性試験）を受けてロースクールに行くことを考えていると言った。でも彼女は辞めるタイミングについてボスであるジョナサンにどう思われるかを心配し、いつ願書を出すべきか、ボスにいつ何と言うべきか悩んでいた。

ビルがジョナサンに会ってこの話をすると、ジョナサンは自分のスタッフが一流ロースクールをめざしていることを知らなかったと認めた。

「もっと部下のことを知らなくては！」とビルは諭した。「いますぐチャデのところに行って、いつ学校に戻っても大丈夫だと言ってやれ。君は彼女のボスなんだから、いい推薦状を書いてやれ、それが君の務めだ」

チャデは翌年コロンビア・ロースクールに入学し、数年後に卒業して、現在はボストンで弁護士をしている。

「５分間の親切」をする

ビルは人を助けるのが好きで、信じられないほど寛大だった。ビルと一緒のときは食事やドリンクの支払いをする必要がなかった。あるときカボで友人たちと休暇を過ごしていたビルは、彼らの子どもたちをみんな夕食に連れていき、全員にバーのＴシャツを買ってあげた。毎年のクリスマスパーティには最高級の赤ワインを何箱も買った。ワインが好きだからではなく、友人たちがワインをおいしそうに飲むのを見るのが好きだったからだ。

そりゃ金持ちはTシャツやワインをばらまけるさと、あなたは思うかもしれない。たしかにそうだ。

でもビルは金持ちになるずっと前からそうだった。彼は寛大な精神を持っていた――それはお金がなくても、誰にでも持てるものだ。たとえば彼はとても多忙だったが、自分の時間を惜しみなく人に与えた。予定表は2か月先しか空いていなくても、本当に彼を必要としている人には、すぐに電話をかけた。

ビルの小さな贈り物はほとんどの場合、アダム・グラントが著書『GIVE&TAKE「与える人」こそ成功する時代』(三笠書房)のなかでビジネスマンのアダム・リフキンのものとして説明する、「5分間の親切」にあたる。親切をする側にとっては簡単で、負担もほとんどかからないが、受ける側にとってはとても大きな意味のあるものごとをいう[7]。

グラントはレブ・リベルとの共著論文でこう書いてもいる。「成功するギバーになるということは、誰にでもいつでも何でもしてあげるということではない。自らの負担より、他人を助けることのメリットが上回るかどうかを意識する必要がある」

これをうまくやる人を、グラントは「自己防衛的なギバー」と呼ぶ。彼らは「寛大だが自分の限界を自覚している。頼みごとにむやみにイエスと言わず、寛大な行動を楽しみながら持続できるよう、小さな負担で大きなインパクトを与えられる方法を探す(8)」。

人を助けることと寛大であることは、本章で説明してきた愛とコミュニティの概念と直接結びついている。親友に頼みごとをされたら、もちろん聞いてあげるだろう？　友人を愛しているし、友人の判断を（たいてい）信用しているし、友人のためなら何でもしてあげたい。だから友人の助けになることで、友人が正しいと思っていることなら、ためらわずにする。

なのに相手が仕事の同僚になったとたん、話はそう簡単ではなくなる。手続きがあるから、不公平と思われるからなど、私たちが聞いてきたような言い訳が頭に浮かんでくる。だから頼みごとを聞いてあげない。

人を助けていいのだと、私たちはビルから学んだ。一肌脱げ。それが正しいことで、全員のためになるという確信があるなら、頼みごとを聞いてやれ。

人を助けよ

時間や人脈などの資源を、人のために惜しみなく使え。

創業者を愛せ

マイクロソフトがインテュイットの買収に乗り出したことの副産物として、ビルは当時インテュイットの競合製品だったマイクロソフト・マネーを担当するプロダクトマネジャーの女性と知り合った。買収が失敗に終わってからも、二人は連絡を取り合った。

彼女はその後マイクロソフトを去り、シアトルのアマゾンというスタートアップに入社すると、すぐにビルに電話をかけ、投資家のジョン・ドーアを紹介してほしいと頼んだ。ビルは二人を引き合わせ、ドーアが率いていたクライナー・パーキンスはアマゾンに出資した。

それから数年後の2000年に、アマゾンの創業者でCEOのジェフ・ベゾスは、家族と過ごすために休暇を取った。彼はCOO（最高執行責任者）にジョー・ガリを雇い、アマゾンのことをまかせていた。だがベゾスが戻ってくると、会社がひどい状態になっていた。

ドーアとスコット・クックを含む同社の取締役会は、そもそもの社内の混乱を招いたべゾスにCEOを退かせるべきか、後任としてガリを昇格させてもよいかどうかを検討した。ベゾスを会長として会社に残し、ほかの職務を担わせることもできる。この方法は、ビルがインテュイットでスコットからCEOを引き継いだ際にはうまくいった。だがドーアらは決めあぐね、ビルにシアトルでしばらく様子を見てきて、報告してほしいと依頼した。

ビルは東海岸北西部に通い、週2日はアマゾンのオフィスを訪れ、経営会議に参加するとともに、業務やカルチャーをじっくり観察した。そして数週間後、彼はアマゾンの取締役会に対し、ジェフ・ベゾスはCEOとしてとどまる必要があると報告した。

ブラッド・ストーンはアマゾンに関する著書『ジェフ・ベゾス　果てなき野望』（日経BP）にこう書いている。「ビルが出した結論は、ガリは報酬やプライベートジェットなどの特典にやたらとこだわっている、従業員はベゾスを慕っている、というものだった[9]」

ビルの提案は、一部の取締役には意外なものと受けとめられたが、最後には彼の評価が通った。ジェフはビルのおかげでCEOにとどまることができ、知っての通り大成功を収めている。

ビジョンは計算を超える

本章ではここまで、ビルが人々にかけていた愛情と、リーダーが一般に企業社会で求められる堅苦しい規範にとらわれずに部下に思いやりを示すことの重要性について述べてきた。このテーマに関して言えば、ビルが大切にしていた愛がもう一つある。それは、創業者への愛だ。

会社を起こすガッツと才能のある人たちは、ビルの心の特別な場所を占めていた。毎日が圧倒的に不利な状況での生死をかけた闘いだと理解するだけのまともさと、自分は絶対成功できると信じるだけのクレイジーさを持ち合わせた人たちだ。こうした人材をつなぎとめておけるかどうかが、あらゆる会社の成否を分ける。

一般に、企業経営者の仕事は業務運営と考えられている。前にも言ったように、ビル自身もオペレーショナル・エクセレンス（現場の業務遂行力の卓越性）をことに重視していた。だが企業におけるリーダーシップを、業務のエッセンスの観点のみで捉えてしまうと、もう一つのきわめて重要な要素である「ビジョン」が抜け落ちてしまう。

プロ経営者を迎えれば、会社運営はうまくいくかもしれないが、会社の心と魂——会社を前進させるビジョン——は失われることが多い。創業者が抜きん出ているのは、まさにここだ。ビルは創業者を愛したが、起業を試みた彼らの大胆さを愛したというよりは、彼らが事業に対して持っているビジョンと愛情を愛した。彼らの限界を理解しながらも、彼らには欠点を補ってあまりあるほどの価値があると感じていた。

ビルはそうした実例を、その目で何度も見てきた。おそらくその最も華々しい例が、アップルだろう。ビルは新しい〝ビジネスガイ〟のジョン・スカリーがCEOに招かれたころからアップルにいて、その後スカリーが共同創業者スティーブ・ジョブズを追放するのを目の当たりにした。

スティーブは何年も経ってアップルに戻ったとき、ビルに、アップルの取締役になって、不可能と思われることを成し遂げるために力を貸してくれないかと要請した。それは、あと数か月でつぶれそうな会社を救うことだ。

さまざまな変革を導入し、卓越したプロダクトへの徹底したこだわりを取り戻したいと、スティーブは考えていた。そのためにはすばやくことを進める必要があるため、どんなときも力になってくれる人が必要だ。スティーブの頭に真っ先に浮かんだのが、ビルだった。

二人は力を合わせて仕事に取り組むうちに、ただの相談相手ではなく親友になった。週末ごとに長い散歩をし、アップルの問題を議論したが、ほかのことも話した。ビルは創業者というものを理解し、スティーブの並外れた才能がどこから来ているのかを理解していた。彼はスティーブの支えになり、あれやこれやの要求を突きつける人たちから注意深く彼を守った。

フィル・シラーは言う。「まるで大学の同窓会で再会した友人同士が、もういっちょやってやろうじゃないかと意気込んでいるようだった。スティーブは計画を進めるために、ビルの助けと力が必要だった。ときには肩を抱いてもらうだけで十分だった」

会社には「心と魂」が必要

ビルはGOに実務家として招かれ、創業者のジェリー・カプランはその後も会社の生命線を握る存在であり続けた。インテュイットにはスコット・クックの後任CEOのプロ経営者として招かれ、スコットはいまに至るまで社内にとどまって存在を発揮し続けている。またビルはグーグルのエリック、ラリー、セルゲイへのコーチングを通じて、おそらく史上最強にして最も困難な共同創業者と外部CEOのペアリングを助けた。

彼がつねに心がけていた原則は、「創業者を愛し、彼らにどんな職務を通してであれ、会社に有意義な方法で関わらせ続けること」だ。

ディック・コストロはツイッターのCEOを引き継いだとき、創業者のビズ・ストーン、ジャック・ドーシー、エヴァン・ウィリアムズと力を合わせろと、ビルに忠告された。いまは君がCEOで彼らは創業者だが、いつか君は元CEOになり、彼らはずっと創業者のままだ。彼らの敵ではなく、仲間になれ。君は彼らを助けるためにここにいる。

スタートアップ以外の企業のリーダーは、創業者がとうの昔に会社を去っているから、ほとんどの場合、こうした問題に対処する必要がない。それでも創業者を大事にすべき重要な理由を忘れてはならない。ビジョンは重要な役割を果たす。会社には心と魂が必要なのだ。

ビジョンは創業者の生きざまに表れることが多いが、会社の信条や使命、精神を実践する人たちはほかにも多くいる。それらはバランスシートや損益計算書、組織図には表れないが、とても貴重な資産だ。

創業者を愛せ

強力なビジョンと情熱を持つ人々に敬意を持ち、彼らを守れ。

エレベーター・トーク――雑談の偉大な力

この章や本書で述べてきたことの多くは、向き不向きの要素が大きいように思われるかもしれない。ビルはおそらく私たちの知るなかで最も「人間好き」な人だった。では、もともとあまり外向的でない人はどうすればいいのか？　練習だ。

ブルース・チゼンはクラリスでビルと働き、のちにアドビシステムズのCEOを務めた。1994年にアドビに初めて入社したとき、クラリスでビルがやっていたことを思い出して、その通りやってみようとしたが、そう簡単にはできなかった。

「まずは人の名前を覚えるようにした」とブルースは言う。「エレベーターで乗り合わせた人に話しかけ、調子はどう、何に取り組んでいるのと尋ねた。カフェテリアでは思い切って初めての人たちと食事をした。性に合わなくても頑張ってやってみたらいい結果につながったよ」

ブルースは、自分がアドビで成功できたのは、こうした社交的な側面が買われたからでもあると考えている。

CEOに昇格する前、彼はセールス・マーケティング畑の人間としては異例なことに、プロダクト責任者を引き継ぐよう創業者たちに要請された。ブルースがエンジニアや開発者を会話に引き入れようと努力する姿を見て、エンジニアのリーダーたちが彼に一目置くようになったからだという。

本書で述べてきた原則は、肌に合わないと思う人もいるかもしれないが、学習することはできる。大切なのは、「やろう」と自分を駆り立てることだ。

エレベーターに乗ったとき、廊下で誰かとすれちがったとき、カフェテリアでチームを見かけたとき、ちょっと立ち止まって話をしよう。ブルースの決まり文句もよいきっかけになる。「調子はどう？　何に取り組んでいるの？」。そのうちさまになってくる。「人間関係を築くことは、僕にとって自然にできることじゃなかったが、努力した」とブルースは言う。「さいわい、次第に無理なくできるようになる」

エレベーター・トーク――雑談の偉大な力

職場の同僚を愛することは、そう簡単にはできないかもしれない。それでも、自然にできるようになるまで練習を積め。

私たちが本書に取り組みながらとくに驚いたのは、ビルのことを語る人たちが「愛」という言葉を本当に何度も口にしたことだ。テック企業の幹部やベンチャーキャピタリストとの会話では、ふつう聞かない言葉だ。だがビルは、職場に愛を持ち込んでいいのだと教えた。

彼は愛情や思いやり、気づかい、やさしさの文化をつくりあげた。仕事以外の生活を持つ、まるごとの存在として人々を心から気にかけ、熱狂的な応援団長になり、コミュニティをつくり、できるかぎり人の頼みを聞き入れ、力を貸し、創業者や起業家のために心のなかの特別な場所を空けておくことによって、その文化を生み出した。

偉大なチームを偉大たらしめているものの一つは、愛である。

たしかにビルはもともとそういう人だった――彼は並外れて愛情豊かだった！　だがそれはおそらく彼がフットボールを通じて身につけた性質でもあった。

サンフランシスコ・フォーティナイナーズの殿堂入りクォーターバック、スティーブ・ヤングは、2017年9月のビルを偲ぶ会でチーム愛について語った。

「偉大なコーチには先を見通す力があります。（フォーティナイナーズのコーチ、ビル・ウォルシュは）毎年チームを集めてこう言いました。『おい君たち、われわれはチームとして一つになってやっていくぞ』と。

チームにはいろんな派閥がありました――セイフティーの選手がつるんだり、出身校や社会経済的な背景、出身地、言葉、宗教によって人が固まったりしていた。『そういうものをすべて打ち壊すぞ』と、コーチは言ったのです。

彼は、メンバーそれぞれがしっかりと結びつくことを望んでいました。ランボー・フィールドでの試合、残り1分半で4点ビハインド、サードダウンで残り10ヤードの場面。みぞれが叩きつけ、体はずぶ濡れで、風が吹いていて、8万人の観客が絶叫している。人間としての自分は、俺をここから出してくれ、もう終わりにしてバスで帰りたいんだ、と言っている。

でも円陣を組んだその瞬間、お互いの顔を見つめ合うと、全員が一つの目的を、一つの情熱を、お互いへの愛と敬意を持ち、一つになるんです。(中略)

フォーティナイナーズが1981年から1998年までのあいだ、あれほど活躍できたのはなぜか？　僕らがお互いに愛を持っていたからです※」

※ フォーティナイナーズはこの18シーズン中、16回プレーオフに進出した。ランボー・フィールドはフォーティナイナーズの宿敵、グリーンベイ・パッカーズの本拠地である。

Chapter

6

ものさし

成功を測る尺度は何か？

2017年12月、エリックはアルファベット会長を退くことを決めた。ちょうど本書の第一稿が完成しようというころのことだ。

いい潮時だった。会社はグーグル単体から、グーグルのほかベリリー（ライフサイエンス）やウェイモ（運輸）など急成長中の「アザーベッツ」事業を傘下に持つ持株会社、アルファベットになるという困難な組織再編を成功させた。CEOスンダー・ピチャイをはじめとする新世代のリーダーがグーグルの舵を取り、会社は繁栄している。「モバイル・ファースト」（多くの地域では「モバイル・オンリー」）の世界への移行を遂げ、機械学習技術での刺激的なブレークスルーにより、革新的なプロダクトやサービスを次々と世に送り出している。

エリックはグーグルで17年近くをすごした。2001年3月に会長に就任し、同年8月にグーグルにフルタイムで入社してCEOを兼任、2011年4月に経営執行役会長になった。

そして彼はいま、グーグルでのフルタイムの職務を終えようとしている。彼はどこから見ても完成された、成功した人物だった。だがエリックは、挑戦や変化に立ち向かおうとする人が誰でもそうであるように、心の支えを必要としている自分に気づいた。

エリックがグーグルCEOに就任したときも、会長になったときも、ビル・キャンベルがそばにいて、エリックが支障なく次のステップに移行できるよう手を貸してくれた。関係者に渡りをつけ、人間的、感情的な問題にも対処できるよう気を配ってくれた。

IPOの直前にエリックが取締役会から会長退任を求められたときも、ビルはそばにいてそれを受け入れるようにと諭してくれた。おかげで職務変更が実施されたとき、それはたんなる事務手続きではなく、正しいことだと思えた。

しかしいまや、ビルはいない。プロセス全体がまったく別もののように感じられる。これからの身の振り方について大まかなことは決まっているが、エリックを導いてくれる人は誰もいない。チームは全員にとって最善の決断を導いたが、そのプロセスはビジネスライクで、ビルが与えてくれたであろう愛情と肯定に欠けていた。

メンタリングやコーチングはきわめて個人的な体験だ。ビルがいたら何を言うか、エリックにはわかっていたが、彼がそれを言うのを実際に聞くことができないのがひどく寂しかった。

成功者は孤立を覚える

事情を知らない人には、馬鹿げているように思えるかもしれない。だってこれはCEOや会長という高い肩書きを持つ、権力と成功をものにした経営幹部の交代なのだ。エリックのような選ばれし人たちに、いったい何を心配することがあるだろう？　エリック・シュミットともあろう人が、なぜ心の支えを必要とするのか？

だがじっさいには、多くの場合、仕事で成功している人ほど孤独を感じやすい。彼らはたいてい相互依存性の高い人間関係に支えられているが、周りから孤立し隔絶されているように感じることが多い。※(1)

彼らの強力なエゴと自信は成功の決め手になるが、同時に、不安や迷いとも隣り合わせ

※　フィオーナ・リーとラリッサ・Z・ティーデンスは2001年の研究で、こうした「相互依存」と「自立性」という二つの要素が互いを助長し合う結果、「権力は主観的な孤立感と疎外感を生む」と指摘する。

だ。また、彼らの周りには、友情よりも個人的利益を求めて近づいてくる人たちが多い。だが誰しも人間である以上、自分自身が肯定され、理解されていることを知りたいものだ。

そして人は17年間も心と魂のよりどころだった場所、自分たちがめざましいものに育て上げた場所、愛していた場所から退くときには、背中をポンと叩かれ、ギュッとハグされ、心配するな、ワクワクするような未来が待っているぞと請け合ってもらう必要があるのかもしれない。

しかし、それをしてくれるビルはもういない。

ビジネスを成功させるカギ

私たちは本書の執筆を始めた時点で、ビルから直接得た教えを理解していたし、彼がグーグルの成功にどれだけ大きな役割を果たしたか、シリコンバレー中の多くの人々をどれだけ助けたかを知っているつもりだった。

だがビルを知る人たちや、彼の教えを受けた人たちに話を聞き、彼の原則について研究するうちに、それよりずっと多くのことを学んだ。彼の経営に対するアプローチを、より緻密で複雑なモデルとして捉え、彼の原則がビジネスを成功させる重要なカギであるという仮説を持つようになった。

企業が成功するためには、コミュニティとして機能するチームが欠かせない。個人的な利益よりもチームの利益を優先させ、会社にとってよいことや正しいことを徹底的に追求するチームだ。

こうしたコミュニティは、とくに有能で野心的な人たちのあいだには自然に生まれないため、コーチ、それもチームコーチの役割を担う人の介在が欠かせない。

あらゆる業界と生活の隅々にまでテクノロジーが浸透し、スピードとイノベーションがすべてのカギを握るこの時代、どんな企業も成功するためにはチームコーチングを組織文化に組み入れなくてはならない。とくに必要なのが経営層である。経営チームがその能力を十全に発揮するには、コーチが必要だ。

私たちはビル・キャンベルをチームコーチに持つという僥倖《ぎょうこう》を得たが、ほとんどの企業はそこまでの幸運に恵まれない。

だが心配ない、なぜならチームのコーチに最もふさわしいのは、チームのマネジャーなのだから。すぐれたマネジャーやリーダーでいるためには、すぐれたコーチでいなくてはならない。コーチングはもはや特殊技能ではない。めまぐるしい変化と熾烈な競争が渦巻く、テクノロジー主導のビジネス界で成功するには、パフォーマンスの高いチームをつくり、とてつもないことを成し遂げるための資源と自由を彼らに与えなくてはならない。

そしてパフォーマンスの高いチームに不可欠な要素が、俊敏なマネジャーと思いやりのあるコーチを兼ね備えたリーダーなのだ。

リーダーは「行動」でその座を勝ち取る

本書では、チームコーチとしての役割にビルがどのように取り組んだかを見てきた。彼はマネジメントの技術を磨き、単純な行動の積み重ねにより業務を強化することの大切さを力説した。人材を最優先し、強力に業務を押し進めるマネジャーは、部下によって「リーダー」と見なされる。そうしたマネジャーは、リーダーの地位を与えられるというよりは、みずからの行動を通してリーダーの座を勝ち取るのだと、ビルは信じていた。

彼は思慮深く一貫したコミュニケーションの手法を持っていた。決断力を重んじ、力のあるマネジャーは議論のフェーズが終わったと判断すれば、みずから決断を下すべきだと信じていた。

常識外れの行動を取りがちな強力なパフォーマー、いわゆる「規格外の天才」を高く買っていたが、チームをリスクにさらすような行動を取れば、ただちに排除すべきだと考えていた。

すぐれた企業の核にはすぐれたプロダクトとチームがあり、それ以外のすべては、これらの核を支えるものでなくてはならないと信じていた。

マネジャーにとって解雇は避けて通れないが、人々の尊厳を傷つけずに辞めてもらわなくてはならないと考えていた。

彼は人間関係が信頼の上に築かれることを理解し、一緒に働く人たちの信頼と誠意を得るために力を注いだ。じっくりと耳を傾け、思い切り率直になり、彼らの可能性を彼ら自身よりも信じた。

チームを何よりも重要と見なし、「チーム・ファースト」の行動を重視し、どんな問題にぶつかっても、問題そのものよりも、まずはチームについて考えた。最も深刻な問題、いわゆる「部屋のなかのゾウ」を見つけてどまんなかに引っ張り出し、まずはそれに対処するようチームに促した。

舞台裏で行動し、廊下での立ち話や電話、1 on 1ミーティングでコミュニケーションギャップを埋めた。

リーダーに、とくに困難な状況では先陣に立つようハッパをかけた。

多様性を重んじ、職場でありのままの自分でいるよう教えた。

彼は人を愛した。自分がつくったコミュニティや参加したコミュニティに愛を持ち込んだ。そして、職場に愛を持ち込んでもいいのだと人に教えた。

「人間的な価値」が成功につながる

こうして私たちは多くの人の話を聞き、仮説を立て、ビルの原則を数え上げ、研究やエピソードによる裏づけを得た。だが私たちがビルの教えを本当の意味で痛感したのは、私たちのうちの一人、エリックが大きな岐路に立ち、彼を助けてくれるコーチがそこにいなかったときだ。

２０１７年12月のある午後、ジョナサンと妻のベリルは愛犬ボーを散歩させていた。ジョナサンはその朝エリックから辞任するというメールを受け取ったばかりだった。彼はこの知らせに動揺したが、エリックはさらに大きな不安を感じているはずだった。そうベリルに話すと、彼女は言った。「あなたが力になるのよ」。ボーも賛成とばかりにしっぽを振った。

そこでジョナサンは考えた。もしビルがここにいたらどうするだろう？

答えはこうだ。もしもビルがいたなら、エリックが次に進むべき道を考えるのを手伝ったはずだ。何をすべきかは指図せず、彼が自分で計画を立てるのを助けただろう。エリックをハグし、肩をポンと叩き、君は17年にわたりグーグルですばらしい仕事をしたと、ねぎらっただろう。小さなコミュニティを集め、エリックが大好きなものを用意してくれただろう――大きなアイデアに新しいモチベーション、すぐれたサイエンス、そして最先端のテクノロジー。ビルは愛情と肯定をこめて、こうしたことをやったはずだ。

ジョナサンはさっそく行動を起こした。エリックと話をし、アルファベットの子会社ジグソーのCEOでエリックの親友のジャレッド・コーエンにも相談した。アラン・イーグルを仲間に引き入れ、のちに「エリック3・0」と名づけたプロジェクトのアイデアと計画を出し合った。

とりわけジョナサンが重視したのは、思いやりを示し、手伝いたいと言ってくれる人たちを集めることだった。なぜかと言えば、私たち三人は本書を執筆するうちに、チームコーチングとビルの手法についての本質的な真実を悟ったからだ。

どんな人にも、人間として大切にしているものがあることを、ビルは理解していた。愛、家族、お金、注目、力、意味、目的など。これらはどんなビジネスシーンにも関わる要因だ。すぐれたチームをつくるには、こうした人間的なものごとの価値を理解し、注意を払う必要がある。これらは年齢や地位、立場にかかわらず、あらゆる人の一部をなしている。

ビルはすべての人をまるごとの人間として理解し、そうすることによって、彼らにビジネスパーソンとして力を発揮させた。彼は人間的価値を高めることがビジネスの成果をもたらすことを知っていた。

このつながりが理解できていないビジネスリーダーは非常に多い。だからこそ、すべての人がいますぐこの手法を学ぶべきだと、私たちは考える。ビジネスの世界では意外に思われることだが、それはあらゆるビジネスの成功にとって不可欠なのだ。

私たちの小さなチームでは、エリックのキャリアの次のステージの計画が少しずつできあがっていった。重要なのは、計画があること。そして何より重要なのは、チームがあることだ。

次はどうするか？

ジョン・ドナホーは2015年にイーベイのCEOを退任したとき、エリックと似たような状況に直面した。彼は成功したビジネスマンで、年齢は50歳を越え、子どもは成人していて……。では、次はどうするか？

ジョンはこの問題に取り組むために、自分より年上だがバイタリティあふれる何十人もの人に会って、人生の岐路にどう向き合ったか、熟年期のキャリアにどうやってやる気を保ち続けているのかを尋ねた。以下が、その答えをまとめたものだ。

クリエイティブであれ

50歳からが、人生で最もクリエイティブな時期だ。経験知と自由があり、それを自分の好きな分野で発揮できる。「後半9ホール」のような比喩は避けよ。そんなことを言っていると、与えられるはずのインパクトも与えられなくなる。

ディレッタントになるな

ものごとを表面的になぞるのだけはやめろ。何に関わるにしても説明責任と結果を持て。本気でやろう。

バイタリティのある人を探せ

そういう人たちで周りを固め、付き合おう。自分より若い人たちであることが多い。

才能を生かせ

自分がとくにうまくできること、自分を差別化していることを探せ。自分に目的意識を与えてくれるものは何かを考えよ。それらを生かそう。

将来のことを心配して時間をムダにするな

思いがけない偶然を生かせ。人生の転機のほとんどは予想もしない、思いがけないかたちでやってくる。

自分の成功を測る「ものさし」

ビル・キャンベルはコーチとしての仕事に対して、たいてい報酬を受け取らなかった。ダン・ローゼンスワイグのオフィスに初めて来たとき、ビルはこう言った。「現金はいらん、株式はいらん、クソはいらん！」。彼はグーグルでの仕事に対する報酬の申し出をことごとく断り、最後にとうとう株式を受け取ると、すべて慈善団体に寄付した。

ふつうこんなことはない。企業の相談役はほとんどの場合、株式か現金の報酬を受け取るものだ。だがビルはキャリアを通して十分すぎるほどの報酬を得たから、次は恩返しをする番だと思っていた。現在はエンジョイのＣＥＯを務めるロン・ジョンソンが２０１３年にＪＣペニーのＣＥＯを辞任したとき、ビルは伝えた。「恵まれていたなら、恵みになれ」。ビルは恵みだった。

なぜいつも報酬を断るのかと聞かれて、ビルは自分の影響力を測る別の「ものさし」があるからだと答えた。自分のために働いてくれた人や、自分が何らかのかたちで助けた人のうち、すぐれたリーダーになった人は何人いるだろうと考える。それが自分の成功を測るものさしなのだと。

本書を執筆するために、私たちは80人を超えるすぐれたリーダーたちに話を聞いたが、一人残らず全員が、自分が成功できたのはビルに負うところが大きいと言った。そういう人たちはほかにも大勢いる。自身のものさしに沿って、彼はきわめて成功したわけだ。

本書を読んだあなたが、すぐれたマネジャーとコーチになるための原則を心にとめてくれることを願っている。本書をきっかけにして、すぐれたチームをつくり、自分を高みに引き上げ、みずからに課した制約を超える方法を考えてもらえればさいわいである。

そしてあなたもビルのものさしに適うリーダーになってくれればうれしい。世の中には多くの難題があり、それらはチームにしか解決できない。そうしたチームにはコーチが必要なのだ。

謝辞

まず最初にビルの妻アイリーン・ボッチと、子どもたちのジム・キャンベルとマギー・キャンベルに感謝しなくてはならない。本書を執筆するにあたり、私たちはビルの重要な遺産を託していただいた。このすばらしい機会を与えていただけたことは大変な光栄であり、喜びでもあった。

私たちはビルのおかげで人生が変わった80人以上の人たちに話を聞くことができた。全員が多忙で立派な人たちだが、全員が快く時間を割いてくれ、全員が本書を完成させるために役に立てることがあれば何でも言ってほしいと申し出てくれた。次に名前を挙げるみなさん、ありがとう。

デイビッド・アガス　チェイス・ビーラー　トッド・ブラッドリー
シェリー・アーシャンボー　デボラ・ビオンドリロ　セルゲイ・ブリン
クリスティーナ・ホーマー・アームストロング　リー・ブラック　ショーナ・ブラウン

ラズロ・ボック　イヴ・バートン
クレイ・ベイヴァー　リー・C・ボリンジャー　アル・バッツ
デレク・バッツ　ブラッドリー・ホロウィッツ　パトリック・ピシェット
ブルース・チゼン　マーク・ヒューマン　ピーター・ピリング
ジャレッド・コーエン　チャド・ハーリー　ルース・ポラット
スコット・クック　ジム・ハッソン　ジェフ・レイノルズ
ディック・コストロ　ボブ・アイガー　ジェシー・ロジャース
エディー・キュー　エリック・ジョンソン　ダン・ローゼンスワイグ
ジョン・ドーア　アンドレア・ジュング　ウェイン・ロージング
ジョン・ドナホー　サラー・カマンガー　ジム・ラジャーズ
ミッキー・ドレクスラー　ビノッド・コースラ　シェリル・サンドバーグ
デイビッド・ドラモンド　デイブ・キンザー　フィリップ・シラー
ドナ・ドゥビンスキー　オミッド・コーデスタニ　フィリップ・シンドラー
ジョー・デュカー　スコッティ・クレイマー　シャデ・セヴェリン
ブラッド・エヒキアン　アダム・ラシンスキー　ダニー・シェイダー
アラン・ユースタス　ロニー・ロット　ラム・シュリラム

ブルーノ・フォートゾ　マリッサ・メイヤー　ブラッド・スミス
パット・ギャラガー　マーク・メイザー　エスタ・ステシャー
ディーン・ギルバート　マイク・マッキュー　ロン・シュガー博士
アラン・グレイシャー　メアリー・ミーカー　ステイシー・サリバン
アル・ゴア　シシル・メヘロートラー　ニラフ・トリア
ダイアン・グリーン　エミール・マイケル　レイチェル・ウェットストーン
ビル・ガーリー　マイケル・モー　スーザン・ウォジスキ
ジョン・ヘネシー　ラリー・ペイジ
ベン・ホロウィッツ　スンダー・ピチャイ

どんな重要なプロジェクトもそうであるように、本書はチームとしての取り組みであり、また本当にすばらしい機会だった。ローレン・ルブフは私たちの予定を管理し、すべてのインタビューを取りしきり、何より的確で思慮深い編集を行ってくれた。彼女のおかげで本書はずっとよいものになった。

マリーナ・クラコウスキーはビルがビジネスマネジメントの世界で本当に時代の先を行っていたことを示し、ビルの原則を学術研究と結びつける手伝いをしてくれた。マリーナはいつもクリエイティブで洞察力にあふれ、おまけに編集能力まですぐれている。君とまた仕事ができてとてもうれしかったよ、マリーナ！

ジム・レヴァインは私たちの変わらぬ代理人、応援団長、コーチとして、私たちが十分な議論の末に最高のタイトルを決定できるよう導いてくれた。ホリス・ハイムブッシュは私たちを正しい方向に駆り立て、すぐれた編集を施し、世事に疎《うと》い西海岸のテッキーたちを優しく指導して、出版の世界を理解させてくれた。二人とも、たえまない支援と協力をありがとう！

メリッサ・カーソン・トーマスは正確さを期してくれた。彼女は細部にまで行き届くすばらしい目と、真実に迫る才能と情熱の持ち主だ。感謝しているよ、メリッサ。

マーク・エレンボーゲン、コーリー・デュブロワ、ウィニー・キング、トム・オリヴェリは私たちのグーグルでの同僚と友人で、本書の心と魂を守りながら、私たちが大企業の法務と広報のあれこれに対処するのを助けてくれた。

カレン・メイはグーグルのリーダーシップ研修を統括し、ビルと緊密に協力して、ビルがグーグラーに彼の原則を教えるのを手伝っていた。彼女はこのプロジェクトの立ち上げにも協力し、原稿にいくつもの洞察あふれる知見を加えてくれた。

ガイ・カワサキは12冊以上のベストセラーをものしている。彼は労を執って私たちの本を読み、非常に鋭く的を射たフィードバックをくれた！（「君たち、これがほぼ完成だなんて、本気でそう思ってるのか？」）

アダム・グラントは序文を書くことを快く引き受けてくれたばかりか、興味深い参考文献を紹介し、メールでスポーツチームに関する脱線話で私たちを楽しませ、チャールズ・ダーウィンの名言まで教えてくれた。

ジェニファー・アーカーはスタンフォード・ビジネススクールで文体とストーリーテリングを教えている。本書に関してもフィードバックをたっぷりくれた（彼女の家族旅行記ほどには楽しく直してくれなかったが！）。

エメット・キム、シンディ・メイ、アンディ・バーントはカバーデザインのコンセプトを示して、私たちを楽しませてくれた。ロドリーゴ・コラルとアンナ・カッソウェイがその他の作業を引き継ぎ、ともすれば厄介な（論争が起こりやすい）プロセスを美しい結論に導いてくれた。みんなの忍耐心とケタはずれの創造性に感謝する。

マイルズ・ジョンソンはグーグルのブランドストラテジストという本業の合間に、本書の特設サイトの制作を監督するという、とてつもなく地味な作業をしてくれた。すばらしいサイトになったよ、マイルズ！

ミンディ・マシューズはすぐれた校閲者、時制一致者、ムダなカンマの殺し屋だ。本書の中で彼女の細かい精査を免れたのは、この2文だけだ。

ジョシュ・ローゼンバーグは職務内容に「編集者」という文字が含まれない人たちの中で、最も細かく編集をしてくれた。だが私たちが史上最強のスポーツチームの例にウォリアーズを含めなかったことに、彼はまだ憤慨している。ハンナ・ローゼンバーグとベリル・グレイスは、本書が一歩進むごとに批評をくれ、夕食の席で「ビルならどうする?」と聞いては、ジョナサンにビルを思い出させた。

ジョアン・イーグルはアランとジョナサンの高校時代、英語教師の代わりをしてくれたが、私たちの論文に赤を入れなくてはという使命感をまだ持ってくれているようだ。ありがとう、母さん!

マーク・ファロンはホームステッド在住の私たちの知り合いで、ビルの故郷に関する貴重な情報と、ジョナサンのオフィスにかかっているビルのすばらしいポートレイトを提供してくれた。

デビー・ブルックフィールドはビルのアシスタントを長年務め、私たちがビルのオフィスに入っていくといつもとても温かく迎えてくれた。彼女はビルの仕事人生を一つにまとめる接着剤だった。

ケン・オーレッタはビルの本を書くことについて、ビル本人に何度か打診したことがあり、本書の原稿にすばらしいフィードバックをくれた。彼の助けを得ることができて光栄だった。

グレン・イェフェスは私たちのよき友人で、ベンベラ・ブックスという成功した出版社の経営者として、出版業界のなかの人間の視点から私たちを教育してくれた。

ジョシュとメイソン・マルコフスキー＝バーガーは、ジョナサン・ファンクラブの正会員でいることに誇りを持ち、彼が書くもののほとんどすべてを読み、批評してくれる。

ドン・ハッチソンはランキングの高い良書のレビューをいち早く紹介するために、何でもいいから早く読みたいと急かしてくる。急げ、ドン！

プレム・ラマスワミは私たちの長年の同僚で、いつも的確な意見をくれたうえで、最高の部分だけを自分の大学での講義に取り入れている。

スーザン・ファイゲンバウムは大学時代のジョナサンに統計について知っていることをすべて教えてくれたうえ、ストーリーテリングと文体に関するすばらしい洞察を与えてくれた。

マット・パイケン――本物のハリウッドのライターだ！――は本書に華々しさを加えて読者の目をすべてのページに釘づけにする方法を提案してくれた。

ジェフ・ホアンは哲学を教え、倫理と道徳的問題を研究対象としている。彼は学生たちにビルの原則を教えたいから、ぜひビルの本を書くようにと私たちに勧めてくれた。

ジェームズ・アイザックスはアップルでジョナサンの上司だった。彼自身生涯を通じた学習者で、もっと頑張れといつも私たちに檄を飛ばしてくれる。

デイブ・ディーズはアントレプレナーシップの教授で、経済成長の大半を担う創業者や中小企業のリーダーに本書を幅広く読んでもらえるように、原稿に手を入れて読みやすくしてくれた。

エリック・ブレイヴァーマン、キャシー・クロケット、デニス・ウッドサイドは多忙なスケジュールをやりくりして原稿を読み、意見をくれた。エリックとキャシーの「概念的質問」を私たちはまだ考え続けている。

ザック・グレイシャーはビルが紹介してくれた人で、グーグルのプロダクトマネジャーをしている。ザックはグーグルで必ずすばらしい仕事をすると、ビルは私たちに約束してくれた。ビルが約束を破ったことは一度もない！

訳者あとがき

ビル・キャンベルの姿を初めて見たのが2011年のスティーブ・ジョブズの追悼式だったという人も多いだろう。

アップルCEOのティム・クックに「ザ・コーチ」としてうやうやしく紹介され、誰よりも先に登壇した初老の男性。あの規格外の天才として知られるジョブズが無二の親友、メンター、コーチとして慕い、アドバイスを求めて毎週会っていたという人物だ。

涙ながらに、彼の遺志を継ぐ人たちを鼓舞する熱いメッセージを語るその姿は、世界に強い印象を残した。

実際、ビル・キャンベルの名前は、ビジネス書をよく読まれる方にはもうおなじみだろう。決定的に重要な場面で助言をしてくれた、精神的支えになってくれたという最大級の賛辞とともにたびたび登場する、謎の存在だ。

彼はシリコンバレーの長老のような権力者なのだろうか？　ありがたいご託宣を授ける禅の導師？　それとも人柄のよい好好爺《こうこうや》？

結局、彼は最後まで表舞台に立つことなく、2016年に亡くなってしまった。

ビル・キャンベル自身の追悼式は、テック業界中の著名人をはじめ、彼を慕う老若男女が1000人以上集結するという、歴史に残るものだった。

エリック・シュミット、セルゲイ・ブリン、ラリー・ペイジ、スンダー・ピチャイ、ティム・クック、ビル・ゲイツ、ジェフ・ベゾス、マーク・ザッカーバーグ、シェリル・サンドバーグ、ジョン・ドーア、マーク・アンドリーセン……。

これらの人々を育て、そして何より彼らに愛された人物がビル・キャンベルなのだ。

本書はその追悼式の席で、「コーチの教えをシェアしなければすべてが失われてしまう」という危機感を持った人々によって執筆された。スティーブ・ジョブズと並び、コーチと最も親しく仕事をしてきたエリック・シュミットらグーグルの三人である。

彼らは『How Google Works　私たちの働き方とマネジメント』（日経ビジネス人文庫）を書いたチームでもあり、その意味で本書はその続編として読むこともできる。実際、三人は本書を執筆するうちに、前作からはビジネス上の成功に欠かせない、ある重要な要素が抜け落ちていることに気づいたという。その要素こそ、ビル・キャンベルのコーチングのエッセンスである。

『1兆ドルコーチ』というタイトルは、ビル・キャンベルがシリコンバレーで生み出した価値に敬意を表してつけられた。業界の多くのリーダーがどれだけコーチを頼りにしていたかを考えれば、このタイトルは誇張ではない。

彼がコーチングを始めた当時つぶれかかっていたアップルと、まだ小規模なスタートアップでしかなかったグーグルの時価総額の合計だけでも、いまでは1兆ドルを優に超える。シュミットは「ビルの貢献をすべて合わせると、コーチした企業の株主価値は2兆ドルにもなる。こんなことは歴史上、誰もしたことがない」と語る（「シリコンバレー・ビジネス・ジャーナル」2019年4月16日付）。

コーチがとくにグーグルとアップルに力を入れていた理由について、シュミットは、シリコンバレー全体への波及効果を考えてのことだったと語っている。また彼がこうしたコーチングを完全に無報酬で行っていたのは、報酬によって目が曇るのを避けたかったからだともいう。

シリコンバレーがこれだけ成長し、しかも政治とは無縁の健全な組織運営がおおむねできているのは、ビル・キャンベルの功績によるところが大きい。彼の死は、シリコンバレーの一時代に幕を下ろす意味を持っていたように思えてならない。

故人の教えを体系立ったビジネス理論のかたちにまとめるのは難しい。何より本人からのインプットはもう得られないし、教えが美化されることもあるし、遺族への配慮もあるだろう。だがコーチを受けた側の視点から学べることも多くある。本書では、彼のコーチングのエッセンスをシャワーのように浴びることで、誰もがビル・キャンベル的視点を身につけることができる。

シリコンバレーのリーダーたちは口をそろえて言っている。困難なとき、「ビルならどうするだろう?」と一歩下がって考えることにより、チーム全体の利益になる決断を下せるのだと。

この本はシリコンバレーからビル・キャンベルへのラブレターでもある。とくに3章からの数々の胸打たれるエピソードを読むと、彼にコーチを受けた人々の豊かな感受性に驚かされ、彼が大切にした「コーチャブルな資質」とは何だろうと考えさせられる。一人ひとりが悩みながら成長し、そこには必ずビル・キャンベルがいた。

最後に温かい「コーチング」を通じてこの本をよりよいものにしてくださった、ダイヤモンド社編集部の三浦岳氏にこの場を借りてお礼申し上げたい。

櫻井祐子

2019年10月

時代』三笠書房、2014年）

8. Adam Grant and Reb Rebele, "Beat Generosity Burnout," *Harvard Business Review,* January 2017.（アダム・グラント、レブ・リベル著「『いい人』の心を消耗させない方法」「DIAMOND ハーバード・ビジネス・レビュー」2017年9月号）
9. Brad Stone, *The Everything Store: Jeff Bezos and the Age of Amazon* (New York: Little, Brown, 2013).（ブラッド・ストーン著、井口耕二訳『ジェフ・ベゾス　果てなき野望』日経BP、2014年）

Chapter 6 ／ ものさし

1. Fiona Lee and Larissa Z. Tiedens, "Is It Lonely at the Top? The Independence and Interdependence of Power Holders," *Research in Organizational Behavior* 23 (2001): 43–91.

8. ストレス要因に対するこの2つの対処法については、以下の論文でよく分析されている。Charles S. Carver, Michael F. Scheier, and Jagdish Kumari Weintraub, "Assessing Coping Strategies: A Theoretically Based Approach," *Journal of Personality and Social Psychology* 56, no. 2 (February 1989): 267–83.
9. Alice M. Isen, Kimberly A. Daubman, and Gary P. Nowicki, "Positive Affect Facilitates Creative Problem Solving," *Journal of Personality and Social Psychology* 52, no. 6 (June 1987): 1122–31.
10. Kaplan, *Startup*, 254.（ジェリー・カプラン著『シリコンバレー・アドベンチャー』）
11. Walter F. Baile, Robert Buckman, Renato Lenzi, Gary Glober, Estela A. Beale, and Andrzej P. Kudelka, "SPIKES—A Six-Step Protocol for Delivering Bad News: Application to the Patient with Cancer," *Oncologist* 5, no. 4 (August 2000): 302–11.
12. John Gerzema and Michael D'Antonio, *The Athena Doctrine: How Women (and the Men Who Think Like Them) Will Rule the Future* (San Francisco: Jossey-Bass, 2013).（ジョン・ガーズマ、マイケル・ダントニオ著、有賀裕子訳『女神的リーダーシップ』プレジデント社、2013年）

Chapter 5 / パワー・オブ・ラブ

1. Nicolas O. Kervyn, Charles M. Judd, and Vincent Y. Yzerbyt, "You Want to Appear Competent? Be Mean! You Want to Appear Sociable? Be Lazy! Group Differentiation and the Compensation Effect," *Journal of Experimental Social Psychology* 45, no. 2 (February 2009): 363–67.
2. Kaplan, *Startup*, 42.（ジェリー・カプラン著『シリコンバレー・アドベンチャー』）
3. Sigal G. Barsade and Olivia A. O'Neill, "What's Love Got to Do with It? A Longitudinal Study of the Culture of Companionate Love and Employee and Client Outcomes in a Long-term Care Setting," *Administrative Science Quarterly* 59, no. 4 (November 2014): 551–98.
4. Suzanne Taylor, Kathy Schroeder, and John Doerr, *Inside Intuit: How the Makers of Quicken Beat Microsoft and Revolutionized an Entire Industry* (Boston: Harvard Business Review Press, 2003), 231.
5. Jason M. Kanov, Sally Maitlis, Monica C. Worline, Jane E. Dutton, Peter J. Frost, and Jacoba M. Lilius, "Compassion in Organizational Life," *American Behavioral Scientist* 47, no. 6 (February 2004): 808–27.
6. 社会関係資本の概念については、次の1999年のデューク大学の論文が詳しい。Nan Lin, "Building a Network Theory of Social Capital," *Connections* 22, no. 1 (1999): 28–51.
7. Adam Grant, *Give and Take: Why Helping Others Drives Our Success* (New York: Penguin Books, 2013), 264–65.（アダム・グラント著、楠木建監訳『GIVE & TAKE「与える人」こそ成功する

12. Ron Carucci, "How to Use Radical Candor to Drive Great Results," *Forbes*, March 14, 2017.
13. Fred Walumbwa, Bruce Avolio, William Gardner, Tara Wernsing, and Suzanne Peterson, "Authentic Leadership: Development and Validation of a Theory-Based Measure," *Journal of Management* 34, no. 1 (February 2008): 89–126.
14. Rachel Clapp-Smith, Gretchen Vogelgesang, and James Avey, "Authentic Leadership and Positive Psychological Capital: The Mediating Role of Trust at the Group Level of Analysis," *Journal of Leadership and Organizational Studies* 15, no. 3 (February 2009): 227–40.
15. Erik de Haan, Vicki Culpin, and Judy Curd, "Executive Coaching in Practice: What Determines Helpfulness for Clients of Coaching?" *Personnel Review* 40, no. 1 (2011): 24–44.
16. Y. Joel Wong, "The Psychology of Encouragement: Theory, Research, and Applications," *Counseling Psychologist* 43, no. 2 (2015): 178–216.

Chapter 4 / チーム・ファースト

1. Charles Darwin, *Descent of Man, and Selection in Relation to Sex* (London: J. Murray, 1871), 166.（チャールズ・ダーウィン著、長谷川眞理子訳『人間の由来（上・下）』講談社学術文庫、2016年）
2. James W. Pennebaker, *The Secret Life of Pronouns: What Our Words Say About Us* (New York: Bloomsbury, 2011).
3. Carol S. Dweck, *Mindset: The New Psychology of Success* (New York: Random House, 2006), 7.（キャロル・S・ドゥエック著、今西康子訳『マインドセット「やればできる！」の研究』草思社、2016年）
4. Daniel J. McAllister, "Affect- and Cognition-Based Trust as Foundations for Interpersonal Cooperation in Organizations," *Academy of Management Journal* 38, no. 1 (1995): 24–59.
5. U.S. Equal Employment Opportunity Commission, *Diversity in High Tech*, May 2016; Elena Sigacheva, *Quantifying the Gender Gap in Technology*, Entelo, March 8, 2018, blog.entelo.com.
6. Anita Williams Woolley, Christopher F. Chabris, Alex Pentland, Nada Hashmi, and Thomas W. Malone, "Evidence for a Collective Intelligence Factor in the Performance of Human Groups," *Science* 330, no. 6004 (October 2010): 686–88.
7. Laura Sherbin and Ripa Rashid, "Diversity Doesn't Stick Without Inclusion," *Harvard Business Review*, February 1, 2017.

23. Benjamin E. Hermalin and Michael S. Weisbach, "Boards of Directors as an Endogenously Determined Institution: A Survey of the Economic Literature," *FRBNY Economic Policy Review* 9, no. 1 (April 2003): 7–26.
24. Jeffrey A. Sonnenfeld, "What Makes Great Boards Great," *Harvard Business Review*, September 2002. (ジェフリー・R・ソネンフェルド「制度で取締役会は改革できない」「DIAMONDハーバード・ビジネス・レビュー」2005年10月号)

Chapter 3 ／ 「信頼」の非凡な影響力

1. Denise M. Rousseau, Sim B. Sitkin, Ronald S. Burt, and Colin Camerer, "Not So Different After All: A Cross-Discipline View of Trust," *Academy of Management Review* 23, no. 3 (1998): 393–404.
2. Tony L. Simons and Randall S. Peterson, "Task Conflict and Relationship Conflict in Top Management Teams: The Pivotal Role of Intragroup Trust," *Journal of Applied Psychology* 85, no. 1 (February 2000): 102–11.
3. Alan M. Webber, "Red Auerbach on Management," *Harvard Business Review*, March 1987.
4. Amy Edmondson, "Psychological Safety and Learning Behavior in Work Teams," *Administrative Science Quarterly* 44, no. 2 (June 1999): 350–83.
5. Suzanne J. Peterson, Benjamin M. Galvin, and Donald Lange, "CEO Servant Leadership: Exploring Executive Characteristics and Firm Performance," *Personnel Psychology* 65, no. 3 (August 2012): 565–96.
6. Carl Rogers and Richard E. Farson, *Active Listening* (Chicago: University of Chicago Industrial Relations Center, 1957).
7. Andy Serwer, "Game changers: Legendary Basketball Coach John Wooden and Starbucks' Howard Schultz Talk About a Common Interest: Leadership," *Fortune*, August 11, 2008.
8. Jack Zenger and Joseph Folkman, "What Great Listeners Actually Do," *Harvard Business Review*, July 14, 2016.
9. Kaplan, *Startup*, 199–200. (ジェリー・カプラン著『シリコンバレー・アドベンチャー』)
10. Mats Alvesson and Stefan Sveningsson, "Managers Doing Leadership: The Extra-Ordinarization of the Mundane," *Human Relations* 56, no. 12 (December 2003): 1435–59.
11. Niels Van Quaquebeke and Will Felps, "Respectful Inquiry: A Motivational Account of Leading Through Asking Questions and Listening," *Academy of Management Review* 43, no. 1 (July 2016): 5–27.

11. Jennifer L. Geimer, Desmond J. Leach, Justin A. DeSimone, Steven G. Rogelberg, and Peter B. Warr, "Meetings at Work: Perceived Effectiveness and Recommended Improvements," *Journal of Business Research* 68, no. 9 (September 2015): 2015–26.
12. Matthias R. Mehl, Simine Vazire, Shannon E. Hollenen, and C. Shelby Clark, "Eavesdropping on Happiness: Well-being Is Related to Having Less Small Talk and More Substantive Conversations," *Psychological Science* 21, no. 4 (April 2010): 539–41.
13. 対立する当事者に権限を与える仲裁方法について詳しくは以下を参照のこと。Robert A. Baruch Bush, "Efficiency and Protection, or Empowerment and Recognition?: The Mediator's Role and Ethical Standards in Mediation," *University of Florida Law Review* 41, no. 253 (1989).
14. Kristin J. Behfar, Randall S. Peterson, Elizabeth A. Mannix, and William M. K. Trochim, "The Critical Role of Conflict Resolution in Teams: A Close Look at the Links Between Conflict Type, Conflict Management Strategies, and Team Outcomes," *Journal of Applied Psychology* 93, no. 1 (2008): 170–88.
15. James K. Esser, "Alive and Well After 25 Years: A Review of Groupthink Research," *Organizational Behavior and Human Decision Processes* 73, nos. 2–3 (March 1998): 116–41.
16. Ming-Hong Tsai and Corinne Bendersky, "The Pursuit of Information Sharing: Expressing Task Conflicts as Debates vs. Disagreements Increases Perceived Receptivity to Dissenting Opinions in Groups," *Organization Science* 27, no. 1 (January 2016): 141–56.
17. Manfred F. R. Kets de Vries, "How to Manage a Narcissist," *Harvard Business Review*, May 10, 2017.
18. Amy B. Brunell, William A. Gentry, W. Keith Campbell, Brian J. Hoffman, Karl W. Kuhnert, and Kenneth G. DeMarree, "Leader Emergence: The Case of the Narcissistic Leader," *Personality and Social Psychology Bulletin* 34, no. 12 (October 2008): 1663–76.
19. Henry C. Lucas, *The Search for Survival: Lessons from Disruptive Technologies* (New York: ABC-CLIO, 2012), 16.
20. Thomas Wedell-Wedellsborg, "Are You Solving the Right Problems?," *Harvard Business Review*, January-February 2017.（トーマス・ウェデル＝ウェデルスボルグ「そもそも解決すべきは本当にその問題なのか」「DIAMONDハーバード・ビジネス・レビュー」2018年2月号）
21. Manuela Richter, Cornelius J. Konig, Marlene Geiger, Svenja Schieren, Jan Lothschutz, and Yannik Zobel, "'Just a Little Respect': Effects of a Layoff Agent's Actions on Employees' Reactions to a Dismissal Notification Meeting," *Journal of Business Ethics* (October 2016): 1–21.
22. Ben Horowitz, *Hard Thing About Hard Things* (New York: Harper Business, 2014), 79.（ベン・ホロウィッツ著、滑川海彦、高橋信夫訳『HARD THINGS』日経BP、2015年）

Skills: What Makes a Good Coach?," *Performance Improvement Quarterly* 7, no. 2 (1994): 81–94.

16. Richard K. Ladyshewsky, "The Manager as Coach as a Driver of Organizational Development," *Leadership & Organization Development Journal* 31, no. 4 (2010): 292–306.

Chapter 2 / マネジャーは肩書きがつくる。リーダーは人がつくる

1. Fariborz Damanpour, "Organizational Innovation: A Meta-Analysis of Effects of Determinants and Moderators," *Academy of Management Journal* 34, no. 3 (September 1991): 555–90; Brian Uzzi and Jarrett Spiro, "Collaboration and Creativity: The Small World Problem," *American Journal of Sociology* 111, no. 2 (September 2005): 447–504.
2. Nicholas Bloom, Erik Brynjolfsson, Lucia Foster, Ron S. Jarmin, Megha Patnaik, Itay Saporta-Eksten, and John Van Reenen, "What Drives Differences in Management," Centre for Economic Performance Research discussion paper, No. DP11995 (April 2017).
3. Ethan Mollick, "People and Process, Suits and Innovators: The Role of Individuals in Firm Performance," *Strategic Management Journal* 33, no. 9 (January 2012): 1001–15.
4. Linda A. Hill, "Becoming the Boss," *Harvard Business Review,* January 2007.（リンダ・A・ヒル「新任マネジャーはなぜつまずいてしまうのか」「DIAMONDハーバード・ビジネス・レビュー」2007年3月号）
5. Mark Van Vugt, Sarah F. Jepson, Claire M. Hart, and David De Cremer, "Autocratic Leadership in Social Dilemmas: A Threat to Group Stability," *Journal of Experimental Social Psychology* 40, no. 1 (January 2004), 1–13.
6. Nicholas Carlson, "The 10 Most Terrible Tyrants of Tech," Gawker. August 12, 2008, http://gawker.com/5033422/the-10-most-terrible-tyrants-of-tech.
7. Jeffrey Pfeffer and John F. Veiga, "Putting People First for Organizational Success," *Academy of Management Executive* 13, no. 12 (May 1999): 37–48.
8. Steven Postrel, "Islands of Shared Knowledge: Specialization and Mutual Understanding in Problem-Solving Teams," *Organization Science* 13, no. 3 (May 2002): 303–20.
9. Jerry Kaplan, *Startup: A Silicon Valley Adventure* (New York: Houghton Mifflin Harcourt, 1995), 198.（ジェリー・カプラン著、仁平和夫訳『シリコンバレー・アドベンチャー』日経BP出版センター、1995年）
10. Joseph A. Allen and Steven G. Rogelberg, "Manager-Led Group Meetings: A Context for Promoting Employee Engagement," *Group & Organization Management* 38, no. 5 (September 2013): 543–69.

Chapter 1 ／ ビルならどうするか？

1. Arthur Daley, "Sports of the Times; Pride of the Lions," *New York Times*, November 22, 1961.
2. "300 Attend Testimonial for Columbia's Eleven," *New York Times*, December 20, 1961.
3. 写真提供：コロンビア大学アスレチックス。
4. 写真提供：コロンビア大学アスレチックス。
5. George Vecsey, "From Morningside Heights to Silicon Valley," *New York Times*, September 5, 2009.
6. Charles Butler, "The Coach of Silicon Valley," *Columbia College Today*, May 2005.
7. P. Frost, J. E. Dutton, S. Maitlis, J. Lilius, J. Kanov, and M. Worline, "Seeing Organizations Differently: Three Lenses on Compassion," in *The SAGE Handbook of Organization Studies,* 2nd ed., eds. S. Clegg, C. Hardy, T. Lawrence, and W. Nord (London: Sage Publications, 2006), 843–66.
8. Butler, "The Coach of Silicon Valley."
9. Michael Hiltzik, "A Reminder That Apple's '1984' Ad Is the Only Great Super Bowl Commercial Ever—and It's Now 33 Years Old," *Los Angeles Times*, January 31, 2017.
10. Michael P. Leiter and Christina Maslach, "Areas of Worklife: A Structured Approach to Organizational Predictors of Job Burnout," *Research in Occupational Stress and Well Being* (December 2003), 3:91–134.
11. 権力争いの悪影響については以下を参照のこと。L. L. Greer, Lisanne Van Bunderen, and Siyu Yu, "The Dysfunctions of Power in Teams: A Review and Emergent Conflict Perspective," *Research in Organizational Behavior* 37 (2017): 103–24.
   「地位葛藤」がチームにもたらす悪影響については以下を参照のこと。Corinne Bendersky and Nicholas A. Hays, "Status Conflict in Groups," *Organization Science* 23, no. 2 (March 2012): 323–40.
12. D. S. Wilson, E. Ostrom, and M. E. Cox, "Generalizing the Core Design Principles for the Efficacy of Groups," *Journal of Economic Behavior & Organization* 90, Supplement (June 2013): S21–S32.
13. Nathanael J. Fast, Ethan R. Burris, and Caroline A. Bartel, "Insecure Managers Don't Want Your Suggestions," *Harvard Business Review,* November 24, 2014.
14. Saul W. Brown and Anthony M. Grant, "From GROW to GROUP: Theoretical Issues and a Practical Model for Group Coaching in Organisations," *Coaching: An International Journal of Theory, Research and Practice* 3, no. 1 (2010): 30–45.
15. Steven Graham, John Wedman, and Barbara Garvin-Kester, "Manager Coaching

エリック・シュミット
(Eric Schmidt)

2001年から2011年まで、グーグル会長兼CEO。2011年から2015年まで、グーグル経営執行役会長。2015年から2018年まで、グーグルの持株会社アルファベット経営執行役会長。現在はグーグルとアルファベットのテクニカルアドバイザーを務めている。

ジョナサン・ローゼンバーグ
(Jonathan Rosenberg)

2002年から2011年まで、グーグルの上級副社長としてプロダクトチームの責任者を務めた後、現在はアルファベットのマネジメントチームのアドバイザーを務めている。

アラン・イーグル
(Alan Eagle)

2007年からグーグルでディレクターとしてエグゼクティブ・コミュニケーションの責任者、セールスプログラムの責任者を歴任している。

3人の著書に世界的ベストセラー『How Google Works 私たちの働き方とマネジメント』(日経ビジネス人文庫)がある。

櫻井祐子
(さくらい・ゆうこ)

翻訳家。京都大学経済学部経済学科卒。大手都市銀行在籍中に、オックスフォード大学大学院で経営学修士号を取得。訳書に『第五の権力』『時間術大全』(ともにダイヤモンド社)、『NETFLIXの最強人事戦略』(光文社)、『OPTION B 逆境、レジリエンス、そして喜び』(日本経済新聞出版社)などがある。

1兆ドルコーチ
——シリコンバレーのレジェンド ビル・キャンベルの成功の教え

2019年11月13日　第1刷発行
2019年11月28日　第2刷発行

著　者——エリック・シュミット、ジョナサン・ローゼンバーグ、アラン・イーグル
訳　者——櫻井祐子
発行所——ダイヤモンド社
〒150-8409　東京都渋谷区神宮前6-12-17
http://www.diamond.co.jp/
電話／03･5778･7232（編集）　03･5778･7240（販売）

ブックデザイン——小口翔平＋喜來詩織（tobufune）
本文DTP——キャップス
校正——円水社
製作進行——ダイヤモンド・グラフィック社
印刷——三松堂
製本——ブックアート
編集担当——三浦岳

©2019 Yuko Sakurai
ISBN 978-4-478-10724-9
落丁・乱丁本はお手数ですが小社営業局宛にお送りください。送料小社負担にてお取替えいたします。但し、古書店で購入されたものについてはお取替えできません。
無断転載・複製を禁ず
Printed in Japan

本書の感想募集　http://diamond.jp/list/books/review
本書をお読みになった感想を上記サイトまでお寄せ下さい。
お書きいただいた方には抽選でダイヤモンド社のベストセラー書籍をプレゼント致します。

◆ダイヤモンド社の本◆

2025年、世界80億人が
つながる世界とは？

グーグルは世界をどう見ているか、そしてどんな未来を創ろうとしているのか。エリック・シュミット初の著書。2025年、「世界80億人がデジタルで繋がる世界」の先にあるのは分断と新しいコミュニティの形成だった。デジタル新時代、新しい権力を手にした市民が向かう先は？　全米ベストセラー待望の翻訳。

第五の権力

Googleには見えている未来

エリック・シュミット／ジャレッド・コーエン［著］　櫻井祐子［訳］

●四六判並製●定価（本体1800円＋税）

http://www.diamond.co.jp/